房地产行业培训

地产精英培训系列

售罄②

地产销售100%成交心理学

邓小华◎著

白金升级版

中国经济出版社
CHINA ECONOMIC PUBLISHING HOUSE
·北京·

图书在版编目（CIP）数据

售罄．2，地产销售100%成交心理学／邓小华著．--北京：中国经济出版社，2022.11

ISBN 978-7-5136-7123-1

Ⅰ．①售… Ⅱ．①邓… Ⅲ．①房地产-销售-技术培训-教材 Ⅳ．①F293.35

中国版本图书馆 CIP 数据核字（2022）第 189274 号

责任编辑 葛 晶
责任印制 马小宾
封面设计 任燕飞装帧设计工作室

出版发行 中国经济出版社
印 刷 者 北京柏力行彩印有限公司
经 销 者 各地新华书店
开 本 710mm×1000mm 1/16
印 张 16.25
插 页 0.25
字 数 218 千字
版 次 2022 年 11 月第 1 版
印 次 2022 年 11 月第 1 次
定 价 68.00 元
广告经营许可证 京西工商广字第 8179 号

中国经济出版社 **网址** www.economyph.com **社址** 北京市东城区安定门外大街 58 号 **邮编** 100011

再版序　源于成交，高于成交

你是否有过这样的困惑：为什么跟进了这个客户好几个月，带看了数十套房子，他却迟迟不肯下定？为什么跟自己关系不错，维护得特别好的客户，一夜之间却在其他公司成交了？为什么好不容易帮客户把房价谈下来了，客户却说“再考虑考虑”？其实，人的购买行为都是由心理决定的，所以在房屋销售中了解客户心理比什么都重要。

销售行业有一句名言：“成功的推销员一定是一个优秀的心理学家。”在房屋销售工作中，从开发客户到了解需求，从推介房屋到跟进带看，从谈价斡旋到促单成交，房地产经纪人需要跟买卖双方进行心理上的交战。从这个角度来看，我们必须了解买卖双方的心理，运用适当的技巧，才能引领客户做出符合预期，甚至超越预期的决策，以便更好地达成房屋销售的目的。因此，读懂买卖双方心理，掌握相关技巧，是优秀的房地产经纪人的必备技能。

我看过很多讲房地产销售技能技巧的书，发现大多是关于房地产销售理论及基础技能的，真正从实战角度出发，分析客户买楼需求，讲解高效带看成交技能技巧的鲜有所闻。因此，当“售罄”系列图书出版后，立即受到了房地产销售人员的热捧，也切实帮助众多房地产经纪人提升了业绩。历经十年，“售罄”系列图书已经成为房地产销售人员成长必备教材。

转眼间，“售罄”系列图书出版十年了。十年间，房地产行业格局及市场都发生了很大变化，购房者的主流需求在不断转变，开发客户及带看成交的渠道和方法也在更新。为了让房地产销售人员更好地把握各项变化，及时完善成交方法，更加快速地成交客户，我们对“售罄”系列图书的内容进行了升级。这次内容升级融合了我这十年的运用心得和广大读者、学员的反馈，以及数百位行业销冠的经验总结，同时，将房地产行业政策与技术的变化融入其中。

销售的目的就是成交，不成交的销售等于零。再版后的“售罄”系列图书，内容更偏向实战，对成交有更加直接的指导，而且将新技术、新媒体的运用加入进来，使得房地产销售方法、技巧的运用更符合时代趋势。

愿天下从此没有难卖的房产！

邓小华

2022 年 10 月 8 日

自序　房地产销售须以道御术

有一次，在课堂上有个学员问了一个问题：“如何将没电梯的顶楼（九楼）卖给一位70岁的老太太?”这让我惊愕不已，也让我重新考虑什么是销售技巧。有的人说销售技巧就是将一根稻草说成一根金条，这是技巧吗？不是，这是忽悠。真正的销售技巧是将一根金条说成一根金条，也就是说，我们卖的首先必须是一根金条，然后你说服买方，让他相信这是一根金条。例如，你脖子上戴着一根纯金的项链，现在摘下它到街上叫卖，谁会相信这是纯金的呢？你要是有方法说服对方相信这是纯金的，这就是销售技巧。销售技巧的真谛就是销售给顾客他需要的产品，并说服顾客认定这就是他需要的产品。

房地产销售也一样，真正的房地产销售技巧是卖给顾客他需要的房子，并让他相信这就是他需要的房子。因此，运用销售技巧的一个前提就是房地产销售人员的诚实可信，离开这个前提，任何销售技巧都会成为忽悠。70岁的老太太根本不需要九楼顶楼的房子，所以任何可能将九楼顶楼的房子销售给70岁的老太太的方法都不是销售技巧。

可以这么说，房地产销售技巧的最高境界就是信任。当顾客信任你时，就不需要任何技巧，这也正是大道至简的道理。例如，你爸爸找你买一套房子，你还需要对你爸爸用技巧吗？开价时还需要比底价开高一点吗？不要，这个道理显而易见。因此，在房地产销售中最有效的技巧就是在与顾客的沟通过程中，不断地增加他们对你的信赖感，信赖感的建立才是最高深的技巧。信赖感可以说是销售技巧的全部，其他都是对建立信赖感的补充。

自《售罄 1》出版后，人们对房地产销售技巧掀起了一股从未有过的探索热潮。因为各种原因，很多销售技巧未写在《售罄 1》中，时隔 5 年，应众多读者的要求，又将那些未曾在《售罄 1》中讲述过的销售技巧总结、提炼，编写了这本全新的《售罄 2》，以飨读者。

在本书编写过程中，得到了很多人的帮助，王黛红、林惠玲、吕文乐、龙雁冰、邓珍、梁伟荣、张文艳、谢金香、陈伟、麦丽妍、于佳宝、侯辉、缪锡丽、曾小琼、车云扬等都参与了文稿的整理与校对工作，在此一并向他们表示衷心的感谢。

邓小华

2012 年 12 月于广州

目 录 | Contents

快 篇

第 1 章　让客户不好意思说“不”的销售线索锁定法　//3
第 2 章　“故意弄错式”销售也可以取得令人吃惊的效果　//7
第 3 章　一“名”惊人，伸手之间就让客户再也忘不了你　//10
第 4 章　第一次接触客户时，如何在 30 秒内吸引客户注意力　//16
第 5 章　让客户迅速达到购楼巅峰情绪的标签法　//20
第 6 章　让客户自动成交的“聚焦带看术”　//24
第 7 章　如何让自己的客户量实现爆炸式增长　//28
第 8 章　世界上最疯狂的房屋销售　//31
第 9 章　如何利用特殊事件推倒客户观望心理的多米诺骨牌　//34
第 10 章　让客户不得不说“Yes”的销售心理控制术　//37
第 11 章　让客户无暇思考的送定成交法则　//40
第 12 章　如何设计看楼路线，才能让客户迅速决策　//44
第 13 章　你知道多少逆转成交术　//47
第 14 章　如何顺水推舟，快速搞定难缠客户　//50

准 篇

第 15 章　如何开发“点石成金”的推销话术　//55

第 16 章　客户心理击破术　//58
第 17 章　让客户不好意思再砍价的房屋价格诉求法则　//61
第 18 章　匪夷所思的层进式需求引导术　//64
第 19 章　网络营销中如何快速锁定销售线索，挖掘“金矿”客户//68
第 20 章　如何将成交逼定藏于无形　//72
第 21 章　精准营销——挖掘客户需求的 NEADS 模式　//75
第 22 章　如何塑造房屋价值，引爆客户购楼情绪　//78
第 23 章　让客户无法货比三家的唯一性成交法则　//81
第 24 章　房屋销售，搞对时间真的很重要　//84
第 25 章　是的，你可以将冰卖给因纽特人　//87
第 26 章　牵着客户鼻子成交的第一售楼技巧　//91
第 27 章　故事营销——击中客户需求痛点　//95
第 28 章　打好电话，为业绩插上翅膀　//98

狠　篇

第 29 章　以柔克刚的同情心法则　//103
第 30 章　售楼逆境中，反败为胜的不二法门　//107
第 31 章　防范行家踩盘或撬盘的赞美法则　//110
第 32 章　让客户自己说“我一定要买”的痛苦成交法　//113
第 33 章　如何利用数字促进成交　//116
第 34 章　如何利用二度谈价进一步打压底价　//119
第 35 章　如何消除售楼竞争，让客户别无选择　//121
第 36 章　让客户言听计从的从众成交法　//124
第 37 章　匪夷所思的第三人需求成交法　//127
第 38 章　让对手陷入瘫痪的排他竞争术　//130
第 39 章　成交签约时，如何有效防范行家干扰　//134

第 40 章　有效应对“跳单”的方法　//137
第 41 章　拍桌子成交法你敢用吗　//140
第 42 章　让客户乖乖就范的万能拒绝公式　//144
第 43 章　如何强势攻占竞争对手业务资源　//147

贴　篇

第 44 章　销售进化论——传统销售方法正在被淘汰　//153
第 45 章　让客户在无意间主动配合你的互动式成交法　//157
第 46 章　高效楼盘介绍的“2+3+1”黄金法则　//161
第 47 章　彻底消除客户警戒心理的售楼关系学　//164
第 48 章　每次都让客户喜出望外的技巧　//169
第 49 章　如何有效逆转参谋的观点　//172
第 50 章　让客户渴望买楼的 FAB 法则　//175
第 51 章　不可忽视的“卖居住”与“卖生活”差异　//178
第 52 章　业绩倍增的嘴甜成交法　//181
第 53 章　如何让客户想跟你买楼　//186
第 54 章　让客户无法抗拒的服务成交理念　//189
第 55 章　售楼过程中眼泪也有妙用　//191
第 56 章　让工作精力旺盛十倍的吸引力法则　//194
第 57 章　如何利用技术手段提升销售业绩　//197
第 58 章　让业绩暴风骤雨般突破的售前服务　//199

勤　篇

第 59 章　勤掏名片，迈向成交　//203
第 60 章　试探性成交法助你提升 30%业绩　//205

第61章　让客户一辈子都跟你买楼的“加码”销售　//208
第62章　一天之内，你最多进餐厅几次　//211
第63章　连续三年平均每天卖出一套房子的秘诀　//214
第64章　如何迈向售楼巅峰　//217
第65章　轻松说服客户的物理成交法　//221
第66章　坐销与行销的业绩有多大差别　//224
第67章　如何让客户迅速做决策　//227
第68章　怎样做到一开口就让客户相信你　//231
第69章　精准把握死缠烂打的尺度　//234
第70章　“9比1”谈判原则引发的售楼新思考　//237
第71章　你常因“嘴勤”丢失业务吗　//240
第72章　售楼冠军是如何炼成的　//244

快　篇

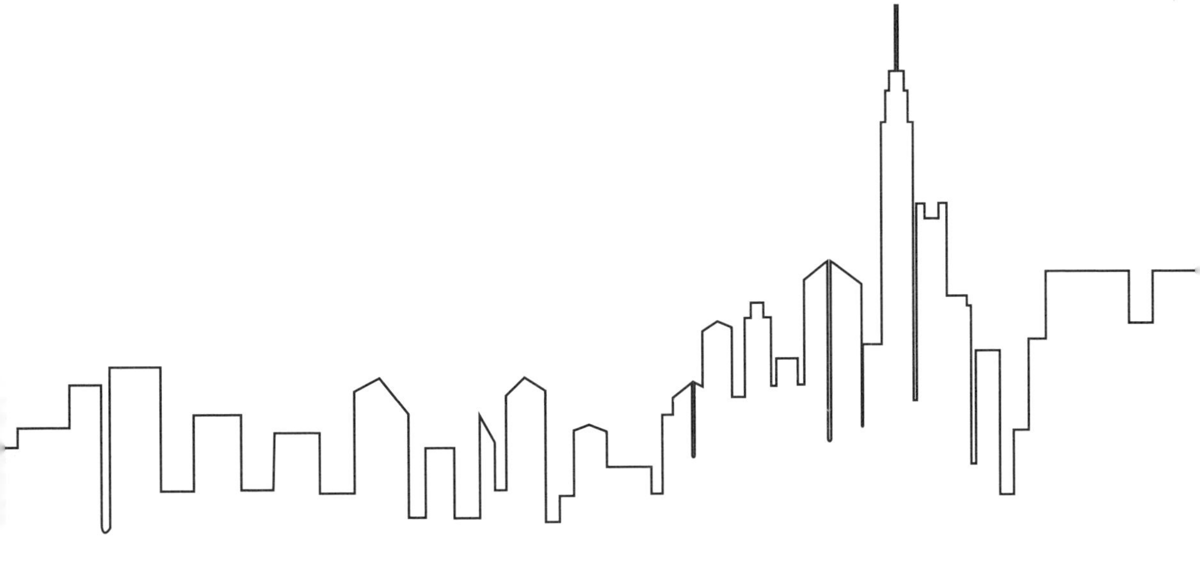

第 1 章 让客户不好意思说“不”的销售线索锁定法

情景 1

经纪人：“先生，请坐！请问有什么可以帮到您？”

业主：“我在对面××花园 A1 栋 603 的房子想出售，精装修，楼龄 5 年，七成新，无货款，60 平方米，两室一厅。”

经纪人：“先生，请问您的心理价位是多少？”（先了解客户的期望值再出价）

业主：“400 万元。”（市场价是 420 万元，客户自己知道卖得便宜，由于急需钱，所以降低售价。客户脾气不太好，易发怒）

经纪人：“太贵了！”（“太贵了”是很多售楼人员的口头禅）

客户自己知道卖得便宜了，但听到售楼人员说太贵了，一气之下走人了。

情景 2

售楼人员：“先生，咱们加个微信吧，或者您给我留个手机号？”（客户说完自己的房屋情况后，售楼人员想记录客户的联络方式）

客户：“不用了，我回家想一想，想好了明天打电话给你。”（客户一边用售楼人员的名片敲桌子，一边拒绝加微信或留电话）

情景3

售楼人员："先生，麻烦您在这儿登记一下联系方式。"（售楼人员带客户看完样板房后，引导客户回到销售中心，经过一番推介后，客户要走了，这时售楼人员安排客户在前台做一下来访记录）

客户："不用了，下次来看楼我提前打电话给你。"（客户一边跟售楼人员说话，一边走出了销售中心）

上述发生在二手楼销售及新房销售中的情景，你是否也非常熟悉呢？我们向客户或业主索要联系方式时经常被拒绝，这主要是什么原因呢？以情景1为例，当业主说到"400万元"时，难道我们不应该说"太贵了"吗？400万元相对市场价来说的确不贵，甚至是便宜，但是我们能说"价格合理，不太贵"吗？相信你也非常清楚，这绝对不是一个合格的经纪人该讲的话。在业主前来委托售楼时，无论他报出的价格是高还是低，我们一定要轻微压价，为日后有客户真的要买这套房子找业主压价奠定基础。但是，如果说"太贵了"，对方可能会立即离开，让我们失去一次机会。那么，说"太贵了"不行，说"价格合适"也不行，到底应该如何应对呢？我们先来看下面这组对话。

经纪人："先生，请问贵姓？"

业主："我姓张。"

经纪人："张先生请坐，先喝杯水。"（经纪人一边拉开椅子，一边跑去倒水）

业主喝了一口水。

经纪人："张先生您好，我叫××，这是我的名片，请问可不可以跟您交换一下名片或是加个微信，方便咱们日后交流？"

业主："不好意思，我现在不用名片了，微信先不加了。"（客户一边接过经纪人递来的名片一边说）

经纪人："不要紧，留个电话也行。"（经纪人一边说，一边翻开自己的客户记录本）

业主：“我的手机号码是138××××××××。”

经纪人：“张先生，很乐意为您服务，请问有什么可以帮到您？”

业主：“我在对面××花园A1栋603的房子想出售，精装修……”

经纪人：“先生，请问您的心理价位是多少？”（先了解客户的期望值再出价）

业主：“400万元。”

经纪人：“哦，太贵了！”

在这种情况下，哪怕业主一气之下走人了也不用担心，因为销售线索已经锁定。之后，可以在恰当的时间再与业主联系，一般业主是不会拒绝你带客户来看楼的。当然，在锁定客户销售线索时也要注意以下两个方面：

1. 在相互认识时就要求客户提供联系方式

第一次接触客户或业主时，给客户或业主留下的第一印象以及了解客户或业主需求等非常重要，但所有这些能继续推进的前提是我们有客户或业主的联系方式，可以主动联络客户或业主，通过不断沟通，最后达成销售。因此，在第一次接触客户或业主时，就可以通过请求交换名片或者添加微信来获得客户或业主的联系电话，这样做的好处是，哪怕在接下来的接触中客户或业主对我们有任何不满意而离去，但因为我们已经获得联系方式，就可以通过积极主动的服务来弥补之前的错误，否则，销售的机会立即消失。

2. 让客户产生不好意思拒绝的心理

经纪人：“张先生您好，我叫××，这是我的名片，请问可不可以跟您交换一下名片或是加个微信，方便咱们日后交流？”

业主：“不好意思，我现在不用名片了，微信先不加了。”（客户一边接过经纪人递来的名片一边说）

经纪人：“不要紧，留个电话也行。”（经纪人一边说，一边翻开自己的客户记录本）

这几句看似简单的对话，实则运用了心理学知识。经纪人要求交换名片或是添加微信，对方说“不好意思，我现在不用名片了，微信先不加了”，这是什么意思？这是客户或业主的一种借口，以没有名片来拒绝经纪人的请求，却表达出一种“假如我有名片，我愿意给你，不过不好意思，我真的没有名片”的意思，也就是说假如自己有名片是愿意交换的。所以，这时经纪人提出“留个电话”的请求，客户也就不好意思说“不”了。

在这个对话中还有一个关键点，就是经纪人要敢于提出请求，在对客户或业主的请求中创造机会，一旦出现机会，就要立即提出新的要求，让客户或业主不好意思拒绝。

因此，经纪人在与客户或业主第一次接触时，一定要敢于提出“请问可不可以交换一下名片”或是“请问可不可以加个微信”这样的请求，如果对方没有给你名片或是拒绝添加微信时，你就要敢于提出“不要紧，留个电话也行”的第二个请求。

第 2 章　“故意弄错式”销售也可以取得令人吃惊的效果

情景 1

经纪人：“您好，请问是××花园 2 栋 401 的业主刘先生吗？”（经纪人小刘坐在电脑前一边看电脑，一边打电话）

业主：“是的，我是，请问你是哪位？”

经纪人：“您好，我是××地产的小刘，请问您 2 栋 401 这套房子卖不卖？”

业主：“不卖，请你不要再打电话来了。”（说完挂了电话）

情景 2

经纪人：“您好，请问是××花园 2 栋 401 的业主刘先生吗？”

业主：“是的，我是，请问你是哪位？”

经纪人：“您好，我是××地产的小吕……”（正准备继续说下去）

业主一听是地产中介立即挂了电话。

情景 3

经纪人：“您好，请问是××花园 2 栋 401 的业主刘先生吗？”

业主：“是的，我是，请问你是哪位？”

经纪人：“您好，我是××地产的小范……”（正准备继续说下去，却被业主打断了）

业主："你从哪儿知道我电话的？谁给你电话的？"

经纪人："一位朋友给我的。"

业主："哪个朋友？姓什么叫什么？"

经纪人被吓得挂了电话。

相信做过经纪业务的人都遇到过上述销售情景。由于经纪业务的特性，难免要收集一些小区（尤其是自己业务主攻小区）业主的电话，然后逐一拨打，询问业主卖不卖楼。但是这种电话营销方式遭到业主拒绝的可能性非常大，许多经纪人不断打电话给业主，导致业主一天可能接到数个或数十个经纪人的电话，这使他们逐渐失去耐性，一听到是房地产中介就挂电话，甚至是辱骂。那么，如何降低业主挂电话的概率，让业主接受我们的推销呢？汤姆·霍普金斯在讲解如何有效解除顾客抗拒时提到一个方法非常适合这种情况，我们先来看下面这组对话。

经纪人："请问是401房间的刘先生吗？"

业主："我是，请问你是哪位？"

经纪人："刘先生您好，快来拿您那2万块钱啊！"

业主："什么2万块钱？"

经纪人："您是××花园48栋401业主刘先生吗？"

业主："哦，我是刘先生，也是××花园业主，不过我是2栋401。"

经纪人："啊，不好意思，我要通知的是48栋401的业主刘先生，可能是我打错电话了，您的电话是138××××123吗？"（其实经纪人打的就是2栋401业主刘先生的电话，只是故意把最后一位"7"说成是"3"）

业主："你打错了，我电话后3位数是127，不是123。"

经纪人："不好意思，对不起，不过也巧，您和48栋的业主都姓刘，都是401的业主，而且你们的电话只是最后一位数字不同，改天我介绍你们认识一下，这种缘分很难得啊。"

业主："嗯，有时间再说吧。"

经纪人：“48栋的刘先生上星期委托我们卖他的房子，他要卖450万元，不到一个星期，我们带了快50拨客户上去看他的房子，最后以470万元成交了，足足高出市场价20万元，这不，我们正准备通知他过来收定金呢，没想到打到您这里来了，不好意思，打扰您了。”

业主：“哦，没事，高出市场价20万元，看来你们公司不错啊。”

经纪人：“这个当然，我们公司在附近小区经营了10年，大概30%的业主都是通过我们公司把房子卖出去的，我们对这一带房屋的市场情况太熟悉了。另外，我冒昧地问一下刘先生：‘您这套房子有没有准备出售或出租?’”

业主：“本来是想卖的，不过最近市场比较低迷，正在考虑。”

经纪人：“刘先生，您说得非常有道理，要不我先帮您登记一下，这样可以帮您储备一批客户，一起带上来看，这样对您出售这套房子比较有利。”

业主：“哦，那好啊！”（于是，经纪人开始登记相关情况，顺利达成委托目标）

很多时候，业主被大量的经纪人电话打扰，他们对经纪人及房地产中介产生了抗拒心理，让我们很难接近，也就很难达到让业主委托我们出售房屋的目的。这时，通过“故意弄错”的方式接近客户，在看似闲聊的过程中告诉他我们公司在小区附近经营了很长时间，是这个商圈的专家，以此取得他的信任，再用“顺便问一下”这样的语言过渡，询问业主有没有出售或出租的打算。

“故意弄错”这种方法的巧妙之处在于，它不会让客户反感，反而能够获得更多的交流机会，从而达到接近客户的目的。当我们遭到拒绝时，可以换个经纪人，通过这种方式重新联系客户或业主，重启销售。

第3章　一“名”惊人，伸手之间就让客户再也忘不了你

有一次，我在上海举办《开单也疯狂》的高阶售楼技巧培训班。课堂上有一个互动环节，一位女学员举手示意我要参与，我说：“先给你1分钟，自我推销一下，销售产品前一定要先销售自己。”这时，这位女学员开始自我介绍，她说：“我叫曹琼，曹是曹操的曹，琼是琼瑶的琼，我是曹操的后人。”听到这里，我眼前一亮，立即问道：“你平时跟客户是不是也这样介绍自己的，说自己是曹操的后人呢？”她说：“不是。”我立即纠正说：“以后你在介绍自己时一定要这么说。”

试想一下，如果一位客户面前有10位经纪人，其中一位是曹操的后人，而另外9位很普通，你会跟哪一位去看楼呢？相信绝大多数人会选曹操的后人，这就是销售的奥妙所在。人们喜欢名人，便会爱屋及乌，大多数人喜欢曹操的后人为他服务，所以如果你姓孔，那你在做自我介绍时，最好沾上孔子的光，这样客户就会记住你，并乐意接受你的服务。

我在学习汤姆·霍普金斯的销售技巧时，也看到过类似的技巧。汤姆·霍普金斯认为，销售人员在与顾客第一次打交道时，非常重要的一个目的是想方设法让顾客记住你，乐意接受你的服务。因此，在递出名片或介绍自己时，一定要设法给顾客留下非常深刻的印象。他有一个叫“谢谢”的名片成交法，就是在派发名片给顾客时，会事先在名片的背

面写上大大的“Thank You”，并且是将写有“Thank You”的这一面朝上递给顾客。每次顾客接到名片时都会惊讶地读出“Thank You”，这时，汤姆·霍普金斯就会接着说：“我猜想在将来的某一天，我有可能会服务于您，因此，在这里提前谢谢您，谢谢。”就这样一张名片，一句“谢谢”，就给顾客留下了美好的印象。

所以，在销售中一定要记住：递送名片及自我介绍最重要的目的就是让顾客记住自己。那么，如何让顾客记住你的名片呢？

一、把名片设计得非常奇特

我花了一年多时间来设计并不断修改奥锐管理顾问公司业务人员的名片，以便业务人员每次派出的名片不会被客户扔掉，让客户记住他们的名字，并收集起来。当业务人员把名片递给客户时，客户在第一时间被震撼并迫不及待地打开名片，认真阅读上面的信息，这就是我要达到的目的。我曾经做过一个实验，就是把业务人员的名片扔到公共汽车站，一转眼，名片竟然不见了，我想应该是名片的设计起了作用。我们的业务人员的名片是三叠式设计，派发名片时的姿势如图 3-1 所示；这种设计让客户接过名片后会自然而然地打开，名片的呈现如图 3-2 所示；当客户阅读完名片上的信息，一般会打开第三页，如图 3-3 所示。

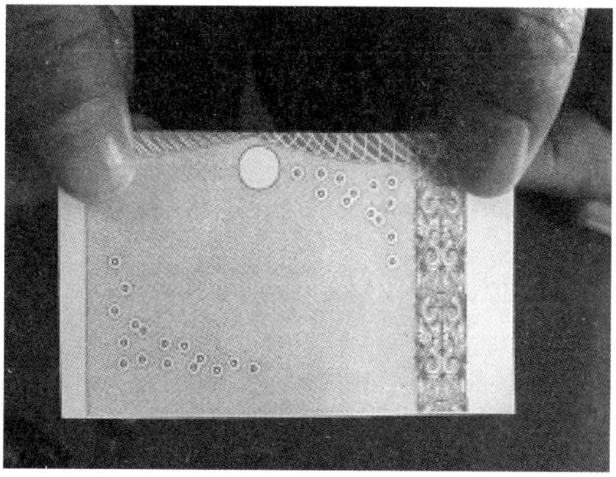

图 3-1

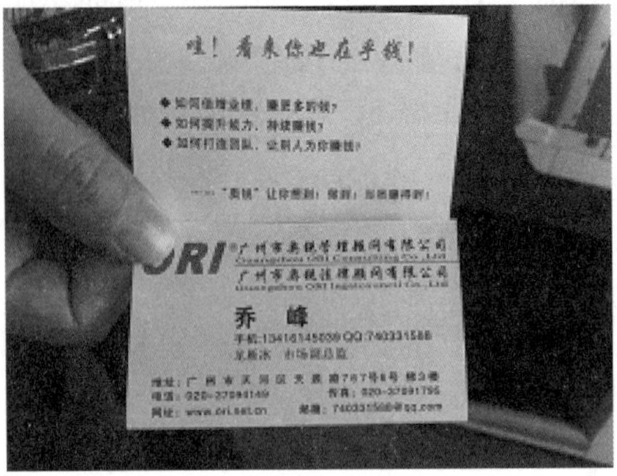

图 3-2

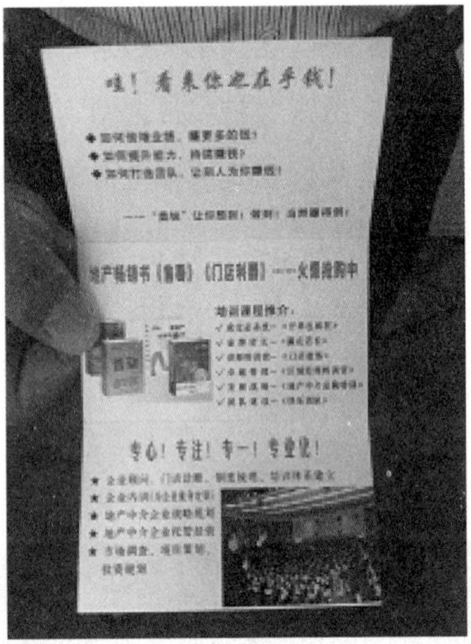

图 3-3

二、让名片为别人带来好处

售楼人员在推销过程中一定要有行销的意识，想尽办法让客户保留你的名片。除了上述方法可以达到这个目的外，我在地产门店管理课“赢在店长”的课堂上，曾指导学员如何设计名片，让学员充分利用好名片的背面，在背面印上自己门店所在商圈的各种便民电话，以此让客户们保留名片，当他们有交易需求时，自然会想到你的名片。

图3-4是一张双叠名片的打开面，它的正面及背面没有什么特别的设计，但打开名片以后，客户往往会被这些对自己日常生活有帮助的便民电话所吸引。图3-5所示的这张名片的背面是东莞常平镇上所有酒店的联系电话，方便前来这个镇上开厂考察的客户联系住宿事宜，所以很容易被客户保留下来。所以，如果你在名片背面印上一些对客户有用的信息，被客户保留下来的可能性就非常大。

凤凰城电话一览表		
一、饮食	煤气公司：82801166	汇德宝：32912222
麦当劳：82973008	财务处：82801138	尖　东：82699188
新源美食村：82801207	学校：82800899	红白蓝：32913555
声雨林：82801217	康体中心：82801020	七、其它：
御善坊：84598866	警务室：82909077	增城地税：82629733
鱼米之乡：82803303	三、士多送货：	增城房管局：82629802
可乐馆：82808805	交通中心超市：82801117	新塘交警：82769011
湘村馆：82805948	凤仪苑：82800911	怡宝送水：82807995
河鲜菇：82805717	凤湖苑：82804025	订机票：82801005
日本料理：82805893	凤翠苑：82801115	鼎湖送水：82801993
采善居：82800890	四、酒店：	东门送花：13631463839
水煮鱼：82803409	凤凰城酒店：82808888	第一站洗车：82980001
名典：82800289	新好景：82704888	家政：88133382
228西餐厅：82809001	凯旋门：82707888	
兰州拉面：82809455	太阳城：82706888	
桂林米粉：82801901	聚福楼：82771928	
砂煲粥：82803189	五、银行：	
水煮鱼：82803409	中行：82801268	
北方饺子：82805991	农行：82801231	
蒙古人家：82805596	工行：82706273	
二、查询：	建行：82809631	
管理处：82801111	六、酒吧：	
售楼部：82801888	加洲红：82709888	

图3-4

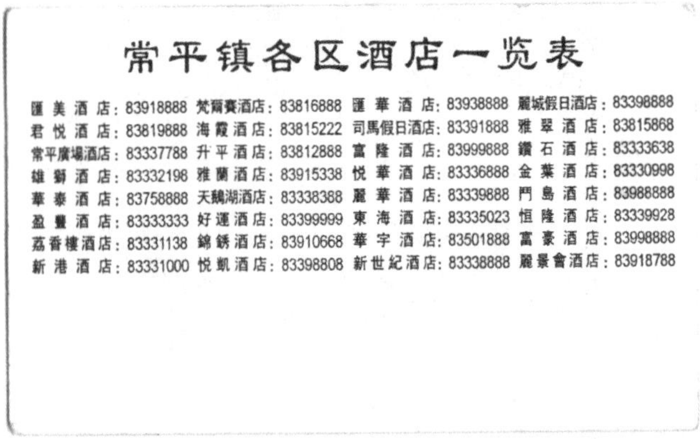

常平镇各区酒店一览表

匯美酒店：83918888	梵爾賽酒店：83816888	匯華酒店：83938888	麗城假日酒店：83398888
君悦酒店：83819888	海霞酒店：83815222	司馬假日酒店：83391888	雅翠酒店：83815868
常平廣場酒店：83337788	升平酒店：83812888	富隆酒店：83999888	鑽石酒店：83333638
雄獅酒店：83332198	雅蘭酒店：83915338	悦華酒店：83336888	金葉酒店：83330998
華泰酒店：83758888	天鵝湖酒店：83338388	麗華酒店：83339888	門島酒店：83988888
盈豐酒店：83333333	好運酒店：83399999	東海酒店：83335023	恒隆酒店：83339928
荔香樓酒店：83331138	錦銹酒店：83910668	華宇酒店：83501888	富豪酒店：83998888
新港酒店：83331000	悦凱酒店：83398808	新世紀酒店：83338888	麗景會酒店：83918788

图 3-5

三、利用名片背面的空间制造悬念

在我做经纪人的时候，也使用过在名片背面写上大大的“Thank You”的方法，不同的是，我写的是大大的“998”“997”等阿拉伯数字，当然，我也是将写有数字的一面朝上递给客户的。一般客户看到后都会惊讶地问：“这个数字是什么意思？”这时，我就会说：“您是我今年接待的第 998 个客户，我觉得我一定会帮您找到理想的房子，谢谢您，谢谢。”以这样的方式给客户留下深刻的印象，让客户感觉到我是一个很棒的经纪人，服务过这么多客户，如图 3-6、图 3-7 所示。

图 3-6

图 3-7

一位参加过我的培训课程的一手写字楼售楼人员，在他的名片背面写了一个大大的“15%”，每次客户问他这是什么意思时，他就说：“我们写字楼用了一种新型的镀膜环保玻璃，能有效地反射太阳光，这使玻璃的热传递效应大大降低，阻止写字楼里面与外界的热交换，办公室开空调时可以省下15%的电。”每当他说完这些，这个环保写字楼就立刻被客户记住了。

第4章 第一次接触客户时，如何在30秒内吸引客户注意力

情景1

经纪人："先生，您好！请问有什么可以帮到您?"（一位先生在橱窗前看广告，经纪人跑出去问他）

客户："随便看看。"

经纪人："哦，请随便看，这是我的名片。"（经纪人一边说，一边递上名片）

客户在橱窗前看了不到30秒就走了。

情景2

经纪人："先生，您好！请问有什么可以帮到您?"（一位先生在橱窗前看广告，经纪人跑出去问他）

客户："请问这套房子怎么样?"（客户用手指着橱窗里展示的一套房源）

经纪人："这套房子刚刚卖掉了。"（因为这套展示房源是假的，所以经纪人这么说）

客户听到这里，立即离开了。

上述两个情景中的经纪人都没有接待成功，主要原因是没有引起客户的兴趣。情景1中，客户说"随便看看"，表明他的内心对经纪人是

设防的，“随便看看”是“不要过来打扰我”的意思。如果此时经纪人能够抛出一些让客户感兴趣的话题，客户的注意力就有可能被吸引过来，达到接近客户的目的。比如，你可以对客户说：“有一个业主因为要出国，昨天刚在我们这里放了一套房子，不知道您有没有兴趣进来了解一下？”这种情况下，大多数人都会有兴趣进来了解，经纪人也就达到了接近客户的目的。

在情景 2 中，客户指着房源问情况，这表明他对这套房子有兴趣，而经纪人却说已经出售了，这时客户的兴趣就会立即消失。正确的做法是，告诉客户这套房子是可以卖的，不过要约业主来开门，这样能有效地吸引客户注意力，从而取得客户电话，在之后的沟通中转推其他房源。

在第一次接触客户时，如何才能快速吸引他们的注意力呢？

一、抛出有便宜可占的信息

经纪人：“先生，您好！请问有什么可以帮到您？”

客户：“随便看看。”

经纪人：“昨天有一位业主因工作调动要到北京上班，在我们这里放了一套房子，不知道您有没有兴趣进来了解一下？”（客户立即进入门店，经纪人开始接待）

为什么客户听到“因工作调动要到北京上班，在我们这里放了一套房子”就立即变得有兴趣？其实，这是人之本能，因为工作调动到北京而卖房子，说明业主比较急，在这种情况下，买家就可以趁机多砍点价，占点便宜。因此，客户一听到这儿，不管房子合不合适，先进来再说。这与经纪人说“昨天有一个业主要出国，在我们这里放了一套房子，不知道您有没有兴趣进来了解一下”背后的心理动机是一样的。

所以，当客户在接触中表现出抗拒时，经纪人可以通过释放一些“有便宜可占”的信息来吸引客户的注意力，以达到快速接触客户的目的。可以使用的说辞包括业主出国卖房；业主工作调动要处理房子；包工头卖开发商抵债房发工资；业主生意周转急售，必须在这个月变现；业主卖房治病；业主在离婚前处理房地产；等等。当客户说“随便看看”，表示抗拒时，我们抛出这些话术，可立即吸引客户注意力。

二、制造悬念吸引客户注意力

经纪人：“先生，您好！请问有什么可以帮到您？”（一位先生在橱窗前看广告，经纪人跑出去问他）

客户：“请问这套房子怎么样？”（客户用手指着橱窗里展示的一套房源）

经纪人：“先生，看得出来您非常有眼光，橱窗里展示了这么多盘源，您怎么一眼就看中了这套？”（经纪人故意用惊讶的眼光看着客户）

客户：“哦，这套房子怎么样？”（客户听完经纪人的话，觉得这套房子很不错，兴趣更大）

经纪人：“这套房子啊，刚刚带客户看完，有个18平方米的入户花园。先生，您知不知道，入户花园在房产证上是按一半面积来计算的，也就是说有9平方米是不要钱送给您的。”（经纪人看到客户有兴趣，故意只抛出房屋的一个卖点，而房屋的详细情况则不说，吊住客户胃口，让他渴望了解并去现场看这套房子，而且用“刚刚带客户看完”来强调房子很抢手）

客户：“哦。”

经纪人：“先生，您看是现在立即跟我上去看房，还是进来喝杯水再去看？”（用二选一问句让客户立即看楼）

客户：“走吧，去看看。”

在这段对话中，经纪人用“先生，看得出来您非常有眼光，橱窗里展示了这么多盘源，您怎么一眼就看中了这套”来制造一个悬念，表明这套房子很好，但到底有多好，没有说，引起客户强烈的欲望，这就是第一次接触客户时通过“制造悬念”来引发客户兴趣。此外，经纪人也可以用这样的对话来制造悬念。例如，客户说：“请问这套房子怎么样?”经纪人回答：“今天怎么这么多人问这套房子?”（经纪人故意用惊讶的眼光看着客户）也同样可以让客户觉得这套房子非常不错，但到底怎么样，却很想听经纪人说。类似的话术有很多，例如，“您是今天第 5 位问这套房子的人了”“先生，看得出来您很内行，这段时间问这套房子的人都是很内行的人”……

三、与众不同，让客户有兴趣与你交往

汤姆·霍普金斯在开始做房地产经纪人时，几乎所有的房地产经纪人接待客户时都穿西装、打领带，可那时的他因为没有钱买西装，第一次见客户穿的是一套运动装。没想到，这恰好给客户留下了深刻的印象。于是，他在接下来的销售中，经常用与众不同的方法来加深客户的印象，就像前面说到的名片成交法那样。

在日常生活中，我们对生活中的各种场合、场景都有一个自我认知，当有人的行为与你不一样，或与大多数人不一样时，你的注意力就会被吸引。比如，一个建筑公司的总经理回忆他为什么能从一名普遍的工地施工员晋升到目前位置时说：“当时的施工员都穿蓝色衣服上班，唯有自己穿红色衣服上班，领导每次来检查，第一眼就会看到自己，当然也是因为自己做得非常出色，所以不断被提拔。公司里同一时期做得非常出色的人不少，但由于淹没在蓝色衣服中，没有被领导看见。”

但有一点要切记，在寻求与众不同时，你的所作所为也要符合客户的认知和社会的普遍价值观，不要跟社会普遍价值观相冲突，让客户产生厌恶。

第5章 让客户迅速达到购楼巅峰情绪的标签法

有位陈姓朋友给我讲述他的大学趣事，我觉得对于我的销售工作很有启发。他有一位周姓同学，为人小气，每次大家一起出去吃饭他都不主动埋单，到了要埋单的时间，他就拿着手机走开了，埋单后，他的电话就立即打完了。大家一起去看电影，买票时，他就忙着锁单车，怎么锁都锁不上，电影票一旦买好，他的单车也就锁上了。有一次，大家一起出去吃饭，周姓同学也参加了，大家决定整他一回，于是挑选了一家不错的餐厅。大家入座后，陈姓朋友立即按住周姓同学的头，狠狠地拔他的头发，怎么拔也拔不下来。于是，众人一起大笑，说道："一毛不拔。"周姓同学很不好意思，抓住一根头发狠狠地拔下来，说道："谁说一毛不拔，这不是拔下来了吗?"大家大笑，立即点菜，把好吃的菜全点上了，美美地吃了一顿。到了埋单时间，大家不约而同地拿出手机，周姓同学很尴尬地去埋单，看到账单时吓了一跳，2000多元啊，他近一个月的伙食费一顿饭就花完了。

在房地产销售中，这种让人一下子达到不得不做决定的情绪的"标签法"有着非常广泛的应用。

有一次，我接待一位40多岁的男士，他有点秃头，戴着眼镜，一副知识分子的样子。一见面我就与他拉关系，说他长得很像我大学的刘教授，对方一听自己长得像教授，开心得不得了。于是，我就告诉他刘教授是如何对人友善，做事果断，绝不拖拉，还说自己陪刘教授去买汽车，他买车时价都不砍，是个非常爽快的人。其实，我说他像刘教授，又说刘教授是如何的好，是在给他心理暗示，让他不断地确认自己就是这样一个人。有了这样的铺垫，我一直跟这位男士在非常愉快的氛围中看楼。后来，他喜欢上了一套房子，我帮他与业主协调，最后达成交易。在签约确认中介费时，他提出要我给他打折，我笑着说："这一点您可不像刘教授啦，刘教授可是个非常爽快的人，从不砍价。"听我这么一说，他立即变得不好意思，收回了打折的请求。

无论在生活中还是销售中，如果你想让某人按你的想法做事，就要先给这个人划个类别（崇高的类别），让他自己确认他就属于这种类别的人。一旦他确认自己是这种类别的人时，他在你面前自然就会表现出这类人所特有的行为特征，也就正好满足了你的需要。这种方法在销售中被称为"标签法"。使用"标签法"的关键是先在客户身上贴上"标签"，然后对"标签"所必须拥有的行为特征下定义，让对方认同。客户为了让你觉得他自己是这类崇高的人，自然就会强制自己表现出对应的行为特征。

下面我们列举一些成交案例供大家思考，以便更好地使用这种"标签法"。

案例1：有一次，我的一位下属经纪人陈小姐接待一位女企业家刘女士前来看楼。这位刘女士的企业做得很大，有120多个员工，她做事雷厉风行，属于"女强人"这一类的。于是，经纪人陈小姐就与刘女士聊起来，说她年轻，叫她刘姐，刘女士非常高兴。在交谈中，经纪人陈小姐用非常羡慕的眼光看着刘女士说："刘姐，您看您在公司说了算，在家说了算，在任何地方都说了算，您就是我们女性的楷模，我要是能像您这样多好啊，以后再也不用担心东西买贵了回家被老公说了。"刘女士听了非常高兴，对陈小姐说："这也没什么，只要你努力，以后也可以这样的。"陈小姐听完后趁机说："刘姐，您可要教我啊，要不我拜您为师吧。”刘女士听后更加高兴。

于是，在之后的看楼过程中，经纪人陈小姐多次给刘女士定位，而刘女士也非常乐意接受这些定位。在最后一次看楼时，她看上了那套房子，虽几经周折，但对最后给出的价格也没有太大异议。于是，经纪人陈小姐对刘女士说：“刘姐，要不这样，您回去跟您先生商量商量。”在这之前，刘女士还陶醉在“在公司说了算，在家说了算，在任何地方都说了算”的定位中，一听到陈小姐建议她回家跟先生商量，立即就说：“不用商量，定金是要交现金，还是刷卡？”于是，该套房子顺利成交。

案例2：我的一位客户李先生看上了一套房子，经过几轮砍价，价格还是没有谈拢。最后，李先生决定带他太太再看一次，然后做决定。我陪李先生夫妇看完楼后，李先生像做最后通牒似的还了一个价，说350万元就买，多一分钱都不买（刚好业主的底价就是350万元，之前我一直坚持360万元）。

这时，我要求李先生签《承诺购买协议》，但李先生以“没带钱”为借口拒绝了我。我当时想，购买是一瞬间的事情，也许明天李先生就不喜欢这套房子了，所以无论如何今天一定要让他签字。于是，我大声说道：“李先生，我听您单位的人说过，您是一位一诺千金的人，没什么比您的签字更值钱的了，您在这里先签个字就行。”边说我边把文件递给李先生，并不断提起我对他单位的了解，强调所有人都说李先生是位一诺千金且非常爽快的人，等他一签完名，我立即对他说：“李先生，我知道您是一位爽快的人，您看您这诚意金是我跟您回家取，还是去银行取？”李先生还沉浸在自己是一位“一诺千金、爽快的人”的定位中，所以在我的一再追问之下爽快地说：“要不你跟我跑一趟，到附近的银行取款？”

案例3：我有位房地产中介的朋友周小姐给一位业主打电话，想了解业主的房屋情况，可能业主之前被很多中介人员骚扰过，一听周小姐是中介的，立即破口大骂，吓得周小姐立即挂了电话。但是因为这套房子是我们的意向客户需要的户型，所以我们非常急切地要开发这类房源。那么，如何让业主愿意与我们接触呢？

于是，周小姐编了一条短信发给了这位业主，短信的内容大致是这样的：张先生，我听同事说您是一位非常有素养的男士，您友善、乐于助人，我特别尊重像您这样的人，改天再打电话请教您。落款是××中介，周××。短信发出的第二天，周小姐再次打电话给这位张姓业主，结果张先生态度完全不同，不但没有骂人，还高兴地与周小姐聊了起来，周小姐也就成功地开发了这套房源。

第6章　让客户自动成交的“聚焦带看术”

一位石油大亨到天堂去参加会议，一进会议室发现已经座无虚席，没有地方落座。于是他灵机一动，喊了一声：“在地狱里发现石油了！”这一喊不要紧，天堂里的石油大亨们纷纷向地狱跑去。很快，天堂里就只剩下他一个人了。这时，这位大亨心想，大家都跑了过去，莫非真的在地狱里发现石油了？于是，他也急匆匆地向地狱跑去。

这则幽默故事反映的是一种“羊群效应”，也称为“从众效应”，是市场营销中一种常见的现象，是指当个体受到群体的影响（引导或施加压力），会怀疑并改变自己的观点、判断和行为，朝着与群体大多数人一致的方向变化。

有人做过实验：一群羊被关在羊圈里，在羊圈的出口横放一根木棍，羊要出圈吃食，就必须从木棍上跳过去，第一只羊跳了过去，第二只羊、第三只羊也会跟着跳过去。这时，有人把那根棍子撤走，后面的羊走到这里，仍然像前面的羊一样，向上跳一下，这种从众心理就叫作“羊群效应”。在“羊群效应”的影响下，个体的选择往往是跟随大多数人的选择，甚至主动放弃更好的选择。

在房地产营销上利用好“羊群效应”，会取得事半功倍的效果。例如，在新房销售现场提高人气最容易引起“羊群效应”，很多地产公司在开盘选房时用大喇叭不停地播报“××号楼的××房间已被认购，请未认购的客户认购其他房子”，以这样的方式将销售信息放大，利用信息的不对称，将旺销信息充分传播，让客户形成竞买心理，尽快下定，而对于那些放弃认购的客户只字不提。

目前，仍有少数开发商雇用“房托”营造气氛，虽然这种做法很不值得提倡（因为这已经是严重的造假行为，客户会认为你在营销上都能造假，那又怎么保证房屋质量不造假呢），但它的确在某一个时期给开发商带来了良好的销售业绩。

当然，也有一些开发商会在开盘时采取先到先得的方法，同时提供大单优先认购策略，让抢购气氛更浓，以此形成“羊群效应”，创造淡市旺销的经典案例。

使用“羊群效应”的最高境界就是能够抓得住头羊，有一个开发商曾经提出过这样一句广告词：“你住的房子档次高不高，不取决于你房子的形式，而取决于你和谁住在一个小区。”言下之意就是，如果你不买就是不识货，跟不上名人的生活方式，名人就是这里的头羊，有了头羊的带领，“羊群效应”自然会更加明显。

二手楼销售相对新房销售来说，房源不集中且客户分散，很难像新房那样通过广告轰炸短期内聚集大批客户形成“羊群效应”，但通过强大的门店网络，在一定时期内聚集一批客户，在某个时间点上集中带看，以此形成“羊群效应”是有可能的，而且往往可以取得非常好的效果（一般要选取“笋盘”或市场上需求较大的房源）。一些规模较大的公司的区域经理每周会组织一至两次“聚焦带看”，以形成“羊群效应”，从而达成销售。

我有一位房地产中介的朋友，他运用“聚焦带看术”可谓造诣颇深，每次“聚焦带看”都能组织一二十组客户，但是这么多人无法在同一时间看房，只能在门口排队等候。看完房出来的客户一般都会说

“太贵了”或“价格可不可以降一点”等，这时经纪人就会提醒他们到外面商量，后面还有人等着要进来看。于是，他便会带着客户赶紧走出房门，并大喊一句“下一位”。就这样，紧张的气氛被营造出来，成交概率也会相应提高。

要在二手楼销售中使用“聚焦带看法”形成“羊群效应”，必须注意以下三个方面的问题：

1. 聚焦盘源的选择

（1）选择优质盘源，性价比要高，这样更容易成交。

（2）选择市场上需求较多的盘源，这样更容易聚客。

（3）最好是钥匙盘，容易控制现场，否则，业主看到这么多人来看房，容易现场涨价。

2. 聚焦时间的选择

（1）以周六或周日为佳。这两天客户看楼时间较充裕，容易聚集更多客户；

（2）下午三点至五点为宜。早上看楼的人一般较少，尤其周六、周日；中午两点半以前有些人有午休的习惯，尤其是被“聚焦带看”房屋的邻居，如果他们因为被打扰而投诉到物业，以后则很难在该小区组织“聚焦带看”。

3. 与物业建立良好关系

有些比较高档的小区物业管理很严格，如果大批客户进入小区集中看楼，有时会遭到保安的阻拦，从而无法形成“羊群效应”。因此，店长及区域经理在日常工作中要跟商圈内小区的物业建立良好的关系。

图 6-1　“聚焦带看”现场 a

图 6-2　“聚焦带看”现场 b

注：图片来自网络

第 7 章　如何让自己的客户量实现爆炸式增长

有一次，我参加一家公司的季度业绩启动大会。会上，总经理慷慨陈词，员工也被激励得热血沸腾，他们最后设定了 2000 万元的季度目标。会议结束前，总经理为了表达自己对完成目标有信心，站在台上跟大家表态："第三季度一定要完成 2000 万元的目标。"他一边说话，一边走到会议室边上，打开窗户，接着说："如果完不成 2000 万元的目标，我就从这里跳下去（他们公司在 24 楼），请问谁跟我一起跳下去？"300 多人的会场顿时鸦雀无声，沉寂了几秒钟后，突然有一个人举手说："总经理，我跟您一起跳下去。"之后，又有两个人也举手说："我们跟您一起跳下去。"

当时，我觉得这位总经理太过分了，同时，也觉得这三名员工太趋炎附势了。开完会后，我就找到这三名员工问他们："万一完不成 2000 万元的目标，你们真的要从 24 楼跳下去？"其中一名员工回答："这个您放心，总经理说要从 24 楼跳下去，我相信他一定有办法，我按他的办法跳下去一定不会有事的。"第二名员工回答："23 楼也是我们公司的办公室，我捆根绳子，从 24 楼跳到 23 楼平台上，就一层楼，不会有事的，就算刮大风，捆着绳子也吹不走。"第三名员工则回答："我带上降落伞跳下去，不会有事的。"

由此，我猜想这三名员工一定会在第三季度想方设法去完成任务的，因为他们答应了总经理，完不成就一起跳下去，而且他们一定会想一种安全的方式跳下去，而那些没有举手的人从来没有思考过这个问题。

在房地产销售中也是这样，当上司下达一个业绩目标时，如果我们像军人一样表态："是的，保证完成任务"，可以肯定的是，不管最后有没有完成任务，我们一定会想方设法去完成；而如果你的回答是："老板，我会尽力完成"，或者"老板这个目标有点高，不过我会努力"等，可以肯定的是，你不会全力以赴，完不成目标的可能性非常大。

在我的培训课上，我经常强调一句话：目标决定策略——一个人的目标将决定他的行为，这里的行为就是做事策略。如果你的目标是一天赚 10 块钱，那你可以不用上班，直接上街乞讨就行了，一天赚的钱远远超过 10 块钱；如果你的目标是一天赚 100 块钱，其实一点也不难，随便打份工就可以赚到 100 块钱；如果你的目标是一天赚 10000 块钱，那你一定要有自己的事业，做成功了，一天赚 10000 块钱也不难；但如果你的目标是一天赚 10 亿元，恐怕只能去抢银行了，而且还不能是一般的银行。有句话非常有道理，"如果你想成为亿万富翁，就得像亿万富翁那样去思考"，也就是说，一个人要想获得成功，就要先设定好目标，然后根据这个目标决定采取怎样的策略。

我们在开展业务时，要奉行"决心第一，成败第二"的信条，先设定一个目标，然后开动脑筋想办法。比如，我们在开展房地产销售业务时，通常要设定每天增加几个客户的目标，那么，这个目标应该如何设定呢？一般来说，房地产公司对经纪人的要求是每天增加一个客户，这是行业平均水平。作为房地产经纪人的你，是要拿行业平均收入，还是要超出行业平均收入，这就需要设定不同的客户量增长目标。

每次我在《功夫店长——快速打造超级战斗力门店》的培训课上问大家："如何在一天之内新增 50 个、100 个客户，甚至 200 个？"听到最多的回答是："不可能。"当我解释目标决定策略的原理后，他们恍然大悟，知道了要敢于设定高目标来激发自己的业务潜能。可以通过以下这些方法让你的客户量实现爆炸式增长：

1. 利用新房的购房团活动开发客户

开发商在销售新房时，经常会委托一个或多个电商平台进行销售，电商平台再整合当地所有能整合进来的中介进行分销，有时也会到项目周边大型企业组织团购。通过营销活动，进行聚焦销售，邀请大批客户集中看楼。参加这些团购的客户是非常精准的购房客户，他们希望购买新房，但如果二手楼合适，他们也一样会购买，新房和二手楼之间是替代关系。所以，如果你手上的客户不多，也可以报名参加这些购房团，认识更多的客户，确保新增客户量，这些客户日后都有可能成为你的成交客户。

2. 驻守——利用好竞争对手的“聚焦带看”

在市场竞争中，一定要知己知彼，如果竞争对手在小区搞“聚焦带看”，你就可以在该小区门口驻守或举牌展示房源，吸引前来看楼的客户，从而捡到对手的客户。

图 7-1

图 7-2

第 8 章 世界上最疯狂的房屋销售

美国有一位非常敬业的推销员，但他很不幸，父母因病双双去世。他因伤痛悲观失望，想随父母而去。当他来到桥上，想跳桥自尽时，来了一位警察，这位警察是位有敬业精神的人。他把推销员拖到安全的地方，对他说："我的责任是不让人无谓地死去。"推销员知道，要活下去就得工作，就得推销自己的产品，于是他将救了他的警察定为推销对象，向他推销自己的产品——棺材，他不停地向警察介绍了半个小时，最后这位警察写了封信交给推销员，然后推开推销员，迅速翻过桥栏，跳了下去。推销员打开信才知道，这是一封遗嘱，警察交代他的妻子一定要买这位推销员的棺材。

在房地产销售中，置业顾问长期业绩的好坏，跟他对事业的喜爱程度有关。如果置业顾问热爱售楼事业，经过一段时间的努力，一定会取得非凡的成就；如果认为售楼只是为了一日三餐，那可能一辈子也就只能糊口。每个置业顾问对于自己的职业生涯都应该这样想：我投身于房屋销售是为了生活，也是为了梦想，我努力工作，工作给我的回报绝不仅仅是不断增加的薪水。有这样想法的人，会把工作看成一种学习方式，以此提升自己的生存能力，这样一来，你的每份工作都蕴藏着巨大的机会。换个角度来说，如果你以这种方式看待现在的售楼工作，那么，工作本身就已经充满激情。

“最好的房地产销售业绩总是由那些头脑聪明并具有激情的人来创造的”，一旦我们对这份销售工作有了激情，就会不知疲倦，随时随地沉浸其中。那么，我们应该如何将这份激情注入售楼工作中呢？

1. 主动派发名片

很多房地产销售人员除了在售楼部或中介门店派发自己的名片外，在其他场合基本上不会派发名片，这绝对不是一个热爱销售工作的人应有的特质。如果一个人热爱销售工作，一定会在各种场合派发自己的名片，让自己遇到的每个人都知道自己在卖楼。

我有一位朋友孙先生，有一次骑摩托车闯红灯，被警察拦下来。他把车停到路边，下车后做的第一件事就是给了警察一张名片，并感谢警察，说他可以保证以后为警察服务，在这里提前谢谢他。他的举动着实吓了警察一跳。当然，也有很多做房地产的朋友，在参加子女家长会、朋友婚宴或是旅游团时派发名片的，以此认识了很多家长或朋友，最终达成交易。

这些成功案例都说明了一点：准备好名片，只要有机会，随时随地派发，创造不断认识新客户的机会。

2. 敢于向朋友推销

我在对保险业、直销业进行研究后发现，几乎所有的保险、直销从业人员成交的第一批客户都是自己的亲朋好友，这些亲朋好友对当事人非常熟悉，了解他们的为人，很容易被说服。但是，房地产销售人员成交的第一批客户中，自己的亲朋好友却不多。其实，每位房地产销售人员在自己工作的城市拥有的亲朋好友平均都在 50 人左右，有些甚至更多，能达到二三百人。这些亲朋好友中有很多人有购房需求，所以一定要利用好这些客户资源，可以从以下几方面入手：

（1）定期（每月或每季度）在纸上列出自己在本市的亲朋好友名单。

（2）发微信、短信或打电话联络，告诉他们你在哪个区域做房地产销售工作，有买卖房子的需求直接联系你。

（3）偶尔也可以打电话请他们帮忙转介绍有买卖房子需求的同事。

3. 养成随时推销的习惯

我有位下属刘先生，在春节回家的火车上给坐在他旁边的人发了一张名片，并询问有没有买楼或卖楼的计划，竟然真的成交了。他的售楼理念是“走过，路过，绝对不放过”。我在重庆开销售培训班时举了这个案例，一位黄小姐听完后，在中午回家吃午饭的公交车上从第一个座位派发名片到最后一个座位，竟然认识了两位要买楼的客户。

真正热爱自己售楼工作的人就是这样，随时做好销售准备。一位珠海的房地产中介老板赵先生，他的“随时推销精神”还让他找到了人生的另一半。有一次，他跟一帮朋友去 KTV 唱歌，经介绍认识了一位朋友的妹妹，这个女孩看他拿了一个鼓鼓的手包，就觉得这个人有点儿土，带那么多现金出门。赵先生告诉她包里装的是房地产中介人员贴条用的小纸条，一会儿唱完歌，自己还要去贴条，女孩表示不相信一位老板还要亲自去贴条。后来，这位赵老板用实际行动证明了他的话，这位女孩也被他的敬业精神感动，成了他的太太。

一个优秀的房地产销售人员一定是一个养成了随时推销习惯的人，在任何时间、任何地点都不会忘记自己肩负销售房子的使命，只要有机会就会开展售楼工作。

第 9 章　如何利用特殊事件推倒客户观望心理的多米诺骨牌

2011 年 3 月 11 日，日本发生的大地震引发了海啸，造成日本福岛核电站的核泄漏。这次天灾给日本造成了巨大的损失，与此同时，由于对核泄漏的担心，我国也掀起了一场抢盐风波。一时间，全国各地的人们都在超市、便利店里寻找盐的踪影，不法分子趁机哄抬盐价，不少人高价抢购了几年都吃不完的盐。

有则笑话很好地说明了这次抢盐风波的结果：一位记者去超市采访抢盐的人，他看到几乎所有人手里都提着盐，只有一位 60 多岁的老太太非常淡定地在挑苹果，记者跑过去问她："您怎么不去买盐?"老太太回答："非典时期抢回来的盐还可以吃上 10 年，这次就不用抢了。"

这则笑话说明，大多数人是缺乏安全感的，一旦社会、市场有什么风吹草动，人的从众心理便会泛起。就日本福岛核泄漏导致全国人民抢盐这一事件而言，已不是全国人民第一次抢盐了，非典期间人们也抢过一次。这种由于某个特殊事件导致人们对市场预期发生偏差，引发大规模从众行为的事件，被心理专家认为是自我的不完善和性格缺陷造成的，导致人们极易受到暗示；也有学者认为这是由于心理比较脆弱，生活缺乏安全感，导致对外部信息的盲从造成的。

无论是以上哪种说法，都印证了一个颠扑不破的真理——当一个特殊事件发生后，由于人们对它可能引起的负面效应的不确定，极容易产生从众心理。在房地产销售中也经常发生特殊事件，如果能合理地利用好这些特殊事件效应，或许会促进销售工作良性发展。

1. 合理利用新闻中的特殊事件

建议大家多关注当地楼市新闻报道，一旦有排队购房或所谓的“日光盘”，一定要收集相关的新闻链接以及图片，可展示在朋友圈或私信给客户，达到教育客户的目的。即使在 2022 年这样的“寒冬”，楼盘畅销的新闻仍偶有报道。因此，作为一名优秀的置业顾问，必须时刻关注楼市新闻，适时把握销售机会。

此外，要特别提醒大家关注一类“特殊事件”，就是法院拍卖房屋的成交信息。目前，全国各地法院的房屋拍卖信息基本上会在淘宝的“阿里拍卖”和京东的“京东拍卖”里公示，我们只要关注这两个栏目中自己所在城市的房产拍卖信息就可以了，一旦有我们推荐给客户的同小区物业进行拍卖时，一定要关注拍卖日期以及成交情况，这些都是真实成交的。如果成交价偏低，我们就要把相关链接发给业主，让他知道小区最新的物业拍卖成交价，以此来要求他适当降价；如果法院拍卖的物业有很多人竞争，价格略高，我们更要把相关信息链接发给客户，督促他们尽快决策。

2. 合理利用社区中的特殊事件

由于一些小区的物业管理不完善，导致失窃案、停水停电事件以及电梯故障等时有发生，这些生活上的不便导致很多业主产生搬离小区的想法。作为一名优秀的房地产销售人员，应该对商圈里各个小区发生的一切公众性事件都有所了解，因为这些事件很可能成为成交的诱因，对销售起到不可估量的作用。

3. 关注土地拍卖信息

一般来说，楼价跟着地价走，地价是构成商品房成本中非常重要的部分，有些楼盘地价占到楼价的 50%，甚至更多。地价的攀升一般会拉动楼价的上涨，地价是楼价的风向标。因此，房地产销售人员必须密切关注土地拍卖信息，尤其是当地王出现时，关于它的报道就可能成为说服买家迅速做出购买决策的最佳辅助工具。

第10章 让客户不得不说“Yes”的销售心理控制术

一位想寻短见的跳楼者站在楼顶，绝望地看着脚下来来往往的人。忽然，他发现一位警察（谈判专家）出现在他身后10米处，跳楼者回过头，大喊：“别过来，要不然，我就跳下去。”警察朝他笑了一声说：“哦，你要跳下去啊，没问题，我只是例行公事问你一下，要是你从这里跳下去，通知谁来帮你收尸？”跳楼者吓了一跳，赶忙说：“叫我太太来。”警察又问：“要是你太太在赶来的路上心情急躁，开车碰到别人，来不了了，还能通知第二个人吗？”跳楼者想了想说：“那叫我妈吧。”警察接着问：“这种事要是你妈妈知道了，当场晕过去，来不了了，能通知第三个人吗？”跳楼者深思了一下，说：“那就叫我弟弟。”警察继续淡定地说：“要是你弟弟听到你的消息悲痛欲绝，精神错乱，来不了了，还有人可以通知吗？”跳楼者没想到他这么一跳，会连累那么多人，沉默片刻后说：“我不跳了。”

从心理学角度来看，人说话、做事都会有心理惯性，当一个人想拒绝你时，不管你跟他说什么，哪怕说得非常有理，他都会想方设法拒绝你，这是心理惯性的作用。如果能在恰当的时候打断他的这种心理惯性，他就可能会立即认同你。上述案例中的谈判专家就是利用这种心理让跳楼者放弃原先的想法，将这种打断心理惯性的方法运用在房地产销售中也会起到意想不到的效果。

1. 制造意外，打断惯性

有一次，我约了一位客户去看房子，由于之前这套房子有很多人看过，均无人还价，业主很失望，不太想让人再去看房了，所以我打电话跟业主预约看房时间时他说没工夫，我告诉他这个客户看过类似的户型，有可能会喜欢，业主还是不同意，甚至告诉他有客户带定金来看楼都没用。情急之下，我拿起电话“啪”的一声摔在桌子上（手握着话筒不松开，因为当对方听不到声音时，一会儿就会挂上电话），业主在电话另一头估计吓了一跳。这时，我赶紧把话筒拿起来说：“不好意思，刚才我不小心，电话掉地上了，您刚才说什么，我没听见，麻烦您再说一遍。”这时，我听到业主跟我说：“哦，那你的客户明天下午3点过来，还是5点过来？”我赶紧说：“3点。”

当谈判过程中出现僵局时，故意制造一个意外，可能会立即打破僵局，让谈判得以继续下去。比如，在对方沉默时用手碰一下水杯或是桌子上的其他物品，以此扰乱一下对方的思绪，打断对方的心理惯性，迫使对方做出一些让步。

2. 学会借助沉默的力量

在谈判中，当提出一个条件，对方沉默不语时，一些没有经验的销售人员就会岔开话题，说些无关紧要的话或做出一些让步，这是一种不明智的选择。当对方沉默时，最有效的方法就是你也保持沉默，以沉默应对沉默，看谁的耐性最强，“谁先说，谁先死”讲的就是这个道理。其实，沉默就是一种惯性，只要一说话，惯性就被打断。

3. 以退为进的“门把成交法”

“门把成交法”指的是销售人员去拜访客户时遭到拒绝，起身开门准备离开时再次询问客户没有成交的真正原因，一般来说，当你要离开时，客户会放松下来，这时他会告诉你拒绝的真正原因。优秀的销售人员往往可以把握住这个最后机会，解除客户的抗拒，即打断客户拒绝的心理惯性，从而达成交易。这个方法在房地产销售中的应用效果也非常好。

我们在收取客户的诚意金或认购金时，一般会承诺在一定时间之内（一般是一个星期）帮客户去谈判，以便达成交易。但是，如果时间到了，条件还是没有达成，客户便会要求退还诚意金或认购金，这时很多房地产销售人员就会以各种理由拖延，让客户产生逆反心理。

在我从事房地产销售工作时，只要承诺的时间一到，我就会主动给客户打电话，让他来取诚意金或认购金。客户一方面是想不到我会主动退还诚意金或认购金的，另一方面也会因为买不到房子而产生一定的失落感。所以，当客户来了之后，我会给客户详细地分析市场情况，或带客户再去房子所在的小区走一走，这就好像让客户又回到初恋的地方一样，重新燃起对房子的热情。于是，我就趁机要求他们多给一点时间以便我去谈价，甚至要求客户出高一点的价格，客户通常会非常爽快地答应。

第11章 让客户无暇思考的送定成交法则

有一次，一位业主把钥匙放在我们门店，于是，我们疯狂地带客户看楼，不到一个星期，就收到了一位客户的诚意金，该客户的出价也达到了业主的底价。情急之下，我们赶忙通知业主过来收取诚意金。因为业主是香港人，在广州做房地产投资生意，说下个星期一才能到广州，让我们等他，这时离下个星期一还有5天。结果，我们耐心地等了5天以后，迎来的不是成交，而是业主的一句“对不起”，原来别的经纪公司出了更高的价钱。

凡事如果没有书面约定，就很难约束人们的行为。客户经常说不用下诚意金，该谈价格了，直接叫业主过来签约就是了，可是大多数结果却是，一谈到价格，客户就以太太不同意或是钱由太太负责等借口拒绝。当然，即使业主口头答应的底价也可能随形势变化频繁调整。

我的一位老师跟我讲过他的一次亲身经历。他带客户去看楼，客户当时就答应了业主提出的各种条件，他想立即拿纸写下来，可怎么都找不到纸。情急之下，他抽了一张纸巾，在纸巾上把双方认可的交易条件写出来，并要求对方签字。这件事一时成了他们公司的佳话。

在房地产销售中，如果业主没有收到诚意金，就很难让他签下成交条件。因此，在竞争激烈的情况下，为了把控业主，达成交易，经纪人经常会采取“送定”的做法。判断是否“送定”的前提有以下几点：

一是客户下了诚意金，承诺交易条件达到业主底价；二是查册（有些叫查档），了解业主房地产证权属及是否抵押等情况；三是收定的人是业主本人；四是业主收定后，经纪人要收到房地产证。

那么，在什么情况下需要送定成交呢？

1. 租转售以后业主出价低于市场价

一般情况下，如果客户想买的房子在公司的盘源资料库里找不到，大多数经纪人会在第一时间找租盘，看有没有能够满足客户需求的。如果真能找到满足需求的租盘，他们就会不断地说服业主连同租约一起销售，业主一旦答应，就会报出他们的理想出售价格。但是因为业主本意是出租，所以他对房价的关注度和了解不够，报出的价格很可能高出市场价或低于市场价。如果业主报价高于市场价，客户肯定不会接受，我们唯一能做的就是不断与业主沟通，把价格谈下来；如果业主的报价低于市场价，经纪人也不会提醒业主报价太低了，他们会迅速带客户看楼，一旦有客户看中并且接受了业主报价，经纪人会立即收取客户的诚意金。

在这种情况下，经纪人千万不能通知业主过来收取定金，因为他们很可能在收了定金之后，转身就到别的中介公司询价，别的中介公司就会趁机搞破坏，阻碍成交。这时，正确的做法是巧妙地把定金送到业主家里，在业主家里完成相关手续，让业主签订交易条件，确保成交100%完成。

2. 中介公司云集区域

中国人做生意喜欢扎堆儿，做房地产中介也不例外。如果一个区域开了第一家房地产中介门店，紧接着就会开第二家、第三家，多的时候，一条街上有十几家，甚至几十家。对于这些区域的经纪人来说，如果有交易要完成，千万不要让业主来门店签约，因为很可能业主还没到门口，就被其他中介拦截了，成为别人的成交对象了。我们可以约在业主居住场所附近的茶馆或快餐店见面，也可以送定到业主家里，目的是要签订成交条件。

图 11-1　地产中介聚集区域 a

图 11-2　地产中介聚集区域 b

图 11-3 地产中介聚集区域 c

3. 多家房地产中介公司主推的盘源

一般每家房地产中介门店每周都会选取一至两个盘作为本周的主推盘源，门店经纪人一定会集中力量带看这些主推房源，以便达成交易条件。如果你们门店的某套主推盘源也是其他中介的主推盘源，那市场竞争一定会异常激烈。在这种情况下，一旦有买家达成交易条件，收到诚意金后，必须以最快的速度给业主送定，以锁定业主，让交易顺利进行。

第12章　如何设计看楼路线，才能让客户迅速决策

一位女大学生给爸爸写了这样一封信，这封信一共两页，内容如下：

亲爱的爸爸：

自从上了大学以后，我一直疏于给您写信，对此我很抱歉，现在，我要将一些新情况告诉您。但是，在您读这封信之前，请先确认您是坐在家里最大的那张沙发上，否则千万不要往下看，好吗？

虽然暑假我没有回家，但我在学校里还是非常用功地学习。一天，我上晚自习到11点才回到宿舍，由于太累了，我倒头就睡。睡到半夜，我突然发现宿舍着火了。我本能地从床上跳起来，想夺门而逃，可不知怎么搞的，门就是打不开。于是，我推开窗户，跳了出去。老爸，我住的是四楼，窗外下着大雨，地面很滑，我跳下去后，左脚重重地打在水泥地面上，造成左脚骨头断裂。由于学校已经放假，所以根本没有人注意到我跳下去了，我只能在大雨中挣扎。幸运的是，对面男生宿舍六楼有一位男生半夜起来关窗户，看到我跳下去，飞奔下来把我送到了医院。

我在医院里躺了20天，这位男生无微不至地照顾我，我非常感动，20天后我出院了。爸爸，您也知道我的宿舍着火了，我没地方住，于是我住进了男生宿舍。接下来发生的事您可能也猜到了，一个月后，我

发现我怀孕了，于是我们登记结婚了。可是他有一种病不适合结婚，但是爸爸，请您放心，他一定会治好病的，那时我会带着毕业证和结婚证回来见您的。（第1页结束）

（第2页）不过，爸爸，您放心，其实，我的宿舍根本没着火，我也就没有从四楼跳下去，我的脚也没摔断，当然就更不可能爱上那个男生，怀孕也无从谈起。不过，我还是要告诉您一个不幸的事实，那就是在上个学期的考试中，我的历史只得了D，化学只得了F，您也知道，下个学期马上就要开学了，得寄钱来了。

爱您的女儿　莎朗

我看了这封信后的第一感觉是，莎朗的历史和化学成绩虽然不及格，但她的心理学成绩绝对可以拿A。

这是一个非常有趣的心理学小故事，它写出了人们在面对选择时的一种对比心理，还有一个类似的实验也揭示了同样的道理。每个学生依次坐在三桶水前，一桶是冷水，一桶是常温水，一桶是热水。要求学生把一只手放在冷水中，另一只手放在热水中，然后再要求他们同时把两只手伸进常温的水中，这时学生们的脸上出现了既滑稽又迷惑的表情。尽管两只手都放在同一桶水中，但原来放在冷水中的那只手感觉到水是热的，而原来放在热水中的那只手却感觉到水是冷的。这个小小的实验表明，由于事物先前的自然状态不同，人们对同一事物（在这个例子中是常温的水）的感觉可能完全不同。

如果能够在销售中很好地运用对比原理，将极大地提升销售人员的业绩。营销专家以及心理专家做过一些类似的实验。例如，有一个男子走进一家时尚男装店，他想买一身西服套装和一件毛衣，如果你是一位服务员，你会先带他看哪种衣服，才能让他花更多的钱呢？

服务员得到的指示是，要先将售价高的单品卖给他，而我们通常的认知可能恰恰相反，我们会认为，如果一个人刚刚花了很多钱买了一套衣服，那他可能不愿意再花多余的钱去买一件毛衣了。但服装零售商对消费者的心理研究得非常清楚，他们的做法刚好与对比原理的提议吻合——先卖套装，因为等顾客挑选毛衣时会发现，即使再贵的毛衣与套装的价格一比，也显得没那么贵了。人们可能不会单独去买一件 500 元的衬衣，但他如果刚刚花 4000 元买了一套西装，那 500 元的衬衣看起来就没那么贵了。对那些想为自己的新西装购买配饰（衬衫、鞋子、皮带）的人来说，服务员仍可以采用同样的办法。

虽然对比原理的预期往往与普遍认知相反，但是大量事实表明，绝大多数情况下，对比原理的预期都是正确的。同时，很多研究也得出了有意思的结论：即使一个人走进服装店的目的只是想买一套西装，但如果他是在购买西装之后购买配饰的，那么，他会为买那些配饰花更多的钱。

市场营销中有个约定俗成的做法，就是先将比较贵重的商品展示给顾客，可以更快地售出商品，从而赚到更多的钱；相反，如果先把一件便宜的商品拿给顾客看，然后再让他们看贵一点的，只能使后者的价格显得更昂贵。正如前一桶水的温度可以使同一桶水显得更热或更冷一样，他们也可以让同一件商品的价格显得更贵或更便宜，这完全取决于他们所展示的前一件商品的价格。

掌握这个对比原理后，我们自然就会明白带看的正确顺序，并根据带看顺序来设计带看路线。一般情况下，一次带看不要超过 3 套房子，当我们拿着 3 把钥匙或第 2 天约客户看 3 套房时，带看路线的设计一定要遵循下以下原则：

一是第 1 套房是根本不想卖给客户的，所以报价可以略高些；第 2 套房是最想卖给客户的；第 3 套房是第二想卖给客户的。

第13章　你知道多少逆转成交术

我在一个培训课堂上听到过一个非常经典的案例。一位来自台湾的李老师，从事房地产中介行业30多年，一次，他的客户看上一套房子，但几经周折，业主始终不愿意降价，约业主来门店洽谈，业主也以各种理由拒绝。最后，实在没有办法，李老师只好带着客户到业主家里洽谈。洽谈过程非常艰难，一个小时过去了，业主虽然谈笑风生，但就是不肯降一分钱。李老师实在无奈，突然用手拍了一下桌子，然后站了起来。那位谈笑风生的业主吓了一跳，说道："有事好商量。"就这样，李老师又坐下来，继续跟业主谈判。不过，李老师已经通过刚才业主的反应，非常自信地判断出业主还是很希望成交的，随即展开了新一轮的强势压价，最终以业主降价10万元成交。

下课后，我立即找到李老师问他："要是您当时拍完桌子业主没反应，表现出不在乎的样子，该怎么办呢?"李老师说："这个好办啊，你就立即问业主洗手间在哪里，上一下洗手间就可以了，让业主在吓一跳的同时，明白你是要上洗手间，而不是转身要走。"

在经纪人的房地产销售生涯中，经常会遇到一些僵局，甚至是死局，那么如何打破僵局，翻转死局，逆转成交呢？这要求经纪人除了要有足够的耐心和信心之外，更要有行之有效的应对方法。

一、随机应变

当房地产销售人员被客户问到一些不知如何回答的问题，或是带客户到自己不熟悉的楼盘，抑或是客户对我们介绍的房子没有兴趣（但我们觉得这是适合客户的房子）时，都会使销售陷入僵局，那么如何打破这些僵局呢？随机应变是我们处理这类状况的必备技能之一。

有一次，一位客户进入门店询问有没有蓝色康园的房子，这个楼盘我只知道大概的位置，但没去过，恰好昨晚有一个业主到我们公司放盘，放了一套 16 栋的房子，还有钥匙。于是，我就带着客户去看楼。走到小区大门时我傻眼了，这个小区太大了，我根本不知道 16 栋的具体位置，就想赶快过去问一下保安，但客户在身边，又怕这样做他会觉得我太不专业。于是，我灵机一动，跟客户说："我先给您介绍一下小区的环境，进入大门以后，左手边是第 1 栋，沿着第 1 栋走过去是第 2 栋，第 2 栋右手边是会所……"就这样，一边走，我一边给客户做介绍，不知不觉就找到了 16 栋，顺利地看了房子，客户还一个劲儿地夸我非常专业。

还有一次，一位客户想找一套 80 平方米左右，价格又不能高于 320 万元的骏丰花园的房子，满足他要求的只有七楼（顶楼）的一套房源。当客户听说是顶楼七楼没电梯的房子时，一个劲儿地摇头说太高了，自己爬不上去。这时，我问他之前有没有住过顶楼七楼，他说没有。于是，我就鼓励他爬一次七楼试试，没试过怎么知道自己不行呢？看一看房子，买不买都不要紧。被我说服后，客户同意跟我一起去体验一下。爬到四楼（大多数人都会有些累）时，我立即拿出《看楼确认书》，让客户签名确认一下，客户配合地签了字。这一举动让客户休息了近 1 分钟，所以，当我们爬到七楼时，客户竟然一点粗气都没喘。客户也因此觉得自己身体非常好，爬七楼完全不是问题。

二、投石问路

有时的业主或客户会用非常强硬的态度跟房地产销售人员沟通，这使得我们很难摸清楚他们的真实想法，让谈判或销售无法进行下去，甚至出现僵局。这时，我们要敢于提出一些模棱两可的问题，以此试探对方的真实想法，进而采取相应的措施。

我曾经的一位业主跟我说不到400万元不要带客户去看房，这让我一时摸不着头脑，心想："到底业主的底价是不是400万元呢?"于是，我就打电话问业主："张先生，我有个客户之前看了很多跟您家户型类似的房子，他很喜欢，但是，他目前出不起400万元，最多只能出到380万元，有可能他之前看的房子的装修不如您家的，所以，他看完您家的房子以后出到400万元也不是没可能，您看我要不要带他去您家看看?"结果业主说："那好吧，你带他来吧，不过我要把话说清楚，没有400万元我肯定不卖哦。"我立刻明白业主的底价肯定不是400万元，可以再谈。后来，这套房子以370万元成交。如果当时业主的回答是："那就不用过来看了"，基本就可以肯定，在没有彻底打压业主心态的前提下，400万元是业主的底价。

三、风险转移

人们都不喜欢风险，所以如果我们能够承担交易过程中100%的风险，一般对方是无法拒绝与我们合作的。在我创办奥锐管理顾问公司初期，为了拓展业务，我们有一个"100%承诺"服务，就是客户上完培训课程后，只要觉得课程没有效果，不需要其他条件，我们会100%退回所有培训费用。这一服务为我们承接了不少业务，再加上我们的培训课程质量不断提升，公司很快就发展起来了。

风险转移是一个非常有效的逆转成交方法。当客户担心楼价会下调时，我经常拍着胸脯对他们说："您买完房子后，如果10年内这套房子的价格没有翻一番，您可以随时找我退房。"这句话加上我拍胸脯的姿势，一下让客户获得了100%的信心。

第 14 章　如何顺水推舟，快速搞定难缠客户

在我刚进入房地产中介行业时，接待过这样一位客户。我带他看了 20 多套房子，最后他终于看上了一套，我报价 400 万元（业主底价是 390 万元），结果客户还价 380 万元，我不断地跟业主砍价，好不容易谈到就差 3 万元了，我要求客户交一些诚意金，客户却拒绝交，说谈到 380 万元就直接叫业主过来签约。无论我如何解释，他就是不肯交诚意金。后来，在我的努力之下，业主终于同意了 380 万元，我高兴地打电话通知客户来签约，没想到客户却说他太太看了这套房子，觉得最多就值 370 万元，要是业主同意 370 万元，他们立刻过来签约。最后，这套房子被其他房地产中介成交了。

在房地产销售中，经常会碰到难缠的客户，他们往往不愿意交诚意金或不太配合经纪人工作，而且不重视口头承诺，不讲诚信。从业务角度来说，这些人不是优质客户，但我们要开展业务，就不可能挑剔客户，能提供服务的尽量提供服务。当然，并不是说面对这些难缠的客户就没有成交机会，只要我们运用方法得当，也是可以顺利成交的，甚至可以将其变成优质客户。如何有效应对这些难缠的客户呢？

1. 顺水推舟的阻力最小

在商业谈判中，高手绝对不会用头去撞墙壁，而是选择对自己来说阻力最小的说话策略，让对方发现是他们的想法有错误，这样他们必然

知难而退或全力配合，此时，你就可以顺水推舟，进攻他们的“死穴”了。

美国有一家生产乳制品的企业，一天，一位怒气冲天的顾客来到这家企业，不客气地对负责人说：“先生，我在你们生产的乳制品中发现一只活苍蝇，我要求你们给予精神赔偿。”他提出的赔偿金额是个天文数字。在美国，乳制品生产条件是非常高的，一般情况下是不可能有活苍蝇的。不过，这位负责人没有跟顾客争论，而是很有风度地为顾客倒了一杯水，然后慢条斯理地说：“先生，您这么气愤，看来真有您说的那么回事，这显然是我们的错误，您放心，您会得到合理的赔偿。由于这个问题事关重大，我们绝不会忽视的，您稍等一下，我马上命令关闭所有机器，以查清错误根源。我们企业规定，哪一个生产环节出现失误就由哪个环节的负责人来负责，等我把那位失职的主管找出来，让他给您道歉。”那位顾客原本是来敲诈一笔的，没有想到自己的行为会引起如此严重的后果，同时，他也非常担心自己的谎言被拆穿，那样一来，工厂停机的损失会使他倾家荡产。于是，他说：“既然这么麻烦就算了，不追究责任了。”说完就走了。

其实，房地产销售工作也是这样，我们运用一些顺水推舟的方法，会有效化解难缠客户的抗拒。

有一次，我带一位客户看了一套他非常喜欢的房子。第二次，他带他的朋友来参谋，他的朋友一到现场就表现出很“专业”的样子，说这里不好，那里不好，说得这位客户脸色都有点变了。这时，我把客户的朋友拉到一边赞美了一番，说他对房地产非常专业，而且是一位非常有责任心的人，能够为朋友买到称心如意的房子如此负责，真是非常难得。他听了我的话表现出得意的表情，这时我突然提出：“像您这么有责任心的人一定不会让您的朋友错过一个买到好房子的机会吧？其实您也会为朋友错过一个买到好房子的机会而遗憾吧。”听了我的话，他立刻沉默了。在之后的看房过程中，他就诚恳多了，房子的优缺点说得非常客观。

当然，因为房子本身也非常不错，客户顺利地买下了这套房子。

二、寻求业主配合，实现顺水推舟

在实际销售过程中，像本章开头案例中那位无论如何都不愿意交诚意金，让我们陷入被动的客户不在少数，那么，如何有效搞定这样的客户呢？寻求业主配合，进而实现顺水推舟是一个不错的方法。

有一次，我销售一套业主底价为380万元的房子，我报出了400万元的价格。客户看楼后不断地讨价还价，经过十几轮谈判，我坚持在385万元这个价位不放价，本来客户一直咬住370万元，但突然提到380万元，说如果业主同意380万元，立刻就能签合同。我要求客户下诚意金，可他却说不用交了，谈到380万元，直接叫业主过来签约就行，无论我如何解释，就是不肯交诚意金。

吸取了之前不成功的教训，我没有告诉客户业主的底价就是380万元，而是电话寻求业主配合。第二天，我以无法谈到380万元为由，约客户来门店直接跟业主进行最后一次谈判。谈判中，业主故意坚持了一阵子385万元（这是我与业主的约定），然后问客户是不是可以立即下定，当客户毫不犹豫地回答可以时，业主勉强同意以380万元出售，双方立即签订了买卖合同。

三、给难缠的客户一些额外承诺

有些客户在房地产中介下了诚意金，但当约定的谈价时间结束时，房地产中介会找各种理由拖延退回诚意金的时间，这样的做法导致很多客户不愿意下诚意金，有“一朝被蛇咬，十年怕井绳”的心态。为了让这类客户愿意下诚意金，有时提供一些额外的承诺也是有效的。例如，我曾经接待过一位投资客，他要求在诚意金协议上多加一条：如果约定谈价时间到了，必须立即退还诚意金，否则每拖延一天，加收1%的违约金。我们非常痛快地同意了这个条款，于是他也非常爽快地下了诚意金。

准　篇

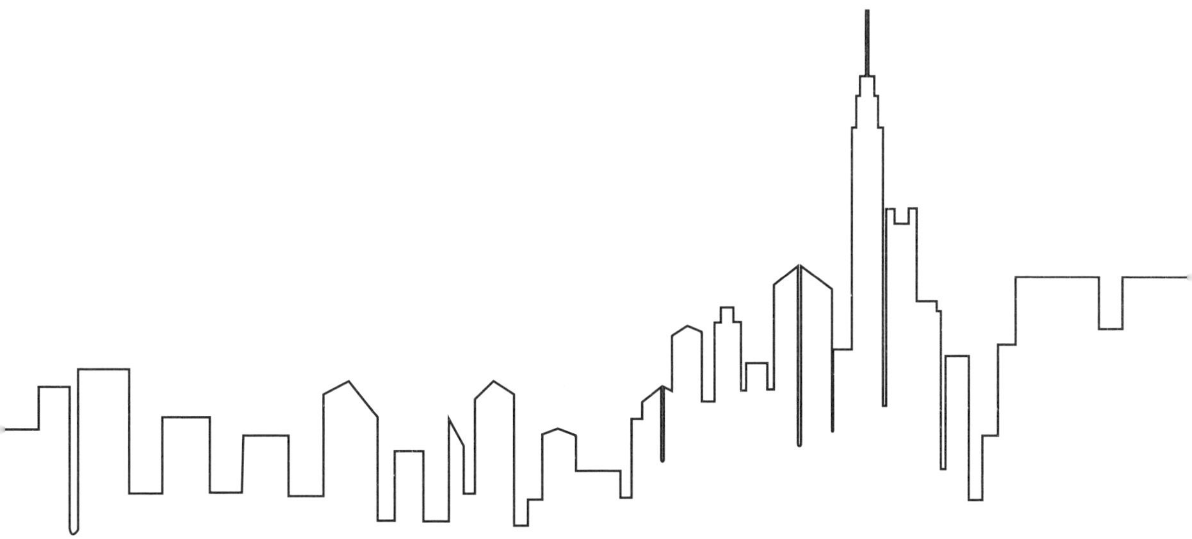

第 15 章 如何开发“点石成金”的推销话术

我曾经给贵阳金阳新区的观山湖 1 号做过培训顾问。该楼盘位于贵阳市金阳新区（贵阳市老城区已经基本上没有土地供应，按照城市规划，整个贵阳市的发展重心要向与贵阳老城区一山之隔的金阳新区转移。金阳新区是贵阳市未来的城市中心，目前正处于开发中，居住氛围尚不浓厚），而观山湖 1 号正是位于金阳新区的中心地带，即未来城市的中心位置。

贵阳老城区的中心位置是喷水池（地名），是最近形成的老城中心，之前是大十字（地名）。观山湖 1 号位于贵阳市规划中的未来城市中心，它的位置是一个非常好的卖点，楼盘的售楼员是如何介绍这个优越的卖点的呢？

售楼员：“您好！我们的楼盘位于金阳新区××路，这里是金阳新区未来的城市中心，地理位置特别优越。您知道，房地产最重要的要素就是地段，购买地段好的楼盘绝对是一个明智的选择。”

买楼者：“哦。”

为了凸显楼盘的这个卖点，我对售楼员的话术进行了调整，强调了对地理位置的介绍。

售楼员：“您好！请问您知道喷水池在哪里吧？”

买楼者：“知道啊。”（心里暗想：废话，喷水池是贵阳的中心区，

最值钱的地方，谁不知道）

售楼员："请问，假如您十年前在喷水池买了一套房子，现在卖出去，能赚多少钱？"

买楼者不语。（暗想：要是十年前买就好了，肯定能赚一大笔）

售楼员："我们A楼盘现在所处的位置就是贵阳市规划中的新"喷水池"，地处贵阳市黄金地段，十年后，这里的楼价不知道得翻多少倍呢。"

买楼者暗想：现在买了，十年后一定可以赚不少钱。

在售楼过程中，我们经常遇到类似的问题，要向客户展示大量的楼盘资料，其中不免要使用专业术语。但是，客户只是普通的消费者，不是专业人员，他们对专业术语的理解是有限的，如果在售楼过程中把他们当成专业人士来进行介绍，他们对专业术语的理解往往是不到位的，也就容易出现对牛弹琴的现象。因此，在与客户的沟通中，要特别注意将专业术语形象化，让客户一听就明白，否则，很容易造成沟通障碍，结果很可能是鸡飞蛋打。有效地使用这类话术可以遵循"借势"原理。

1. 利用地段借势

就像上述案例中所讲的，借喷水池这个地段的势，来描绘金阳新区中心位置的前景；我们也经常听到"××城市就像十年前的广州"这样的描述，言下之意就是十年后这个城市也会发展成现在广州的样子，这些话术都是利用借势来提升语言魅力的。同时，在一些大型小区的开发过程中，也可以借其他有知名度的小区来描述新小区的前景，通过提问让客户自己说服自己。

2. 利用知名建筑物借势

有一次，我在南京讲课，有一位置业顾问举手提出一个问题，我们小区的建筑都是剪力墙结构，成本比普通的框架结构要高，但顾客却觉得剪力墙墙体不能动，影响他们创意装修的发挥，到底应如何介绍剪力墙？我告诉这位置业顾问，让他查一下当地最知名的大厦是哪栋楼，是否是剪力墙结构，如果是，那就太好了。销售时，你只需问顾客某某大厦听过没有（最知名的大厦一般都听说过，并且为之骄傲），然后告诉他某某大厦就是用的这种剪力墙结构，让顾客自己说服自己。

3. 利用知名设计公司借势

如果你的写字楼项目的设计公司就是“鸟巢”的设计公司，那么你就可以问客户知不知道“鸟巢”在哪里？然后，告诉他们设计“鸟巢”的人正在为你的写字楼做设计，就能够瞬间拉高楼盘的档次，并提高客户对你的项目品牌及质量的认可度。

4. 利用概念借势

目前，有些住宅以超大阳台为卖点，其实，超大阳台的设计在早期碧桂园的房屋销售中就有过，并不是什么新卖点。但策划师们还是愿意在进行销售包装，即样板房的装修设计时，在超大阳台上设计“精致”园林，以“空中别墅”自居。后来，又有人刻意打造“第四代住宅”的概念，力图给人一种高大上的感觉。没想到，经过这样的重新定位，这种户型居然量价齐升。

第16章　客户心理击破术

有两条铁轨，一条新的，一条旧的。有了新铁轨后，旧铁轨不再有火车通过。有一天，十个小孩到铁轨上玩耍，九个小孩在新铁轨上玩儿，一个小孩在旧铁轨上玩儿，并提醒九个玩伴新铁轨不安全，还是到旧铁轨上玩儿吧。但九个小孩都不听劝告，仍然在新铁轨上玩儿。这时，一列火车驶来，如果它继续在新铁轨上行驶，将轧死九个小孩；如果改道旧铁轨，只轧死一个小孩。那么，如果你是扳道工，你会怎么选择？

可能大多数人的选择是扳道到旧铁轨上，但其实在新铁轨上玩儿的九个小孩过错更大，这就引起了很大争议。有人认为，这样的选择是纵容了做错事的人，而惩罚了更加具有善意的人；也有人认为，毕竟在新铁轨上有九个小孩，旧铁轨上只有一个，哪怕我们的决定是错误的，但毕竟救了更多的人。有后面这种思维的人通常是典型的结果导向型思维，他们关注的是结果。销售就是这样，关注争议还是关注结果，关注点不同，销售效果也不同。

我曾经参加过一个培训班，主讲老师是连续12年平均每天卖出6辆汽车的乔·吉拉德。很多人6天都卖不出一辆汽车，但是乔·吉拉德却能做到一天卖出6辆汽车，一定有过人之处。

当乔·吉拉德讲到成交技巧时，突然问了大家一个问题，他说：“顾客对我的车感兴趣，但同时他还喜欢上了别的车，在他犹豫不决时我有一个技巧，只要一使用，就能立即达成交易，这样的技巧你们要不要?”所有人都说“要”。乔·吉拉德告诉大家：“这个方法叫作‘下跪成交法’。”他接着解释道：“当顾客犹豫不决时，我会告诉他，难道您要看到我这个60多岁的糟老头跪在您面前，才会买我的车吗?说完我就跪下去。”试想一下，你就是那位要买车的人，当一位60多岁满头白发的老头跪在你面前求你买他的车，而你对这辆车又很感兴趣时，你还能拒绝吗?当乔·吉拉德再次问道：“你们还要用这个技巧吗?”全场鸦雀无声。

这种行为存在争议，很多人认为这样的行为让人失去了最基本的尊严，但是，如果你不能够成交，又何来面子和尊严?乔·吉拉德连续12年平均每天卖出6辆汽车，铁定下跪了N次，不过，这并不妨碍他被誉为“世界上最伟大的推销员”。

我经常在《开单也疯狂》的培训课上大力倡导“成交至高无上”的概念，我认为能够成交的方法就是好方法（当然，前提是你所用的方法不违背道德、不触犯法律）。有些方法可能会引来争议，但同时也会给你带来所期望的结果，这个“度”完全在于自我把控。

1. 新闻教育法

“谎言重复一千遍也会成为真理”，意思是一件事情如果以同一种结果或倾向不断在一个人面前出现，只要次数足够多，就很容易让人得出类似判断。例如，第一个人说“天气预报里说明天要下雨”，其实是晴天；第二个人也说“明天要下雨”；第三、第四个人都这样说，那第五个人很可能会不假思索地说“明天要下雨”。

在房屋销售中，如果业主一段时间内看到的大多数都是关于房屋降价或房屋滞销的新闻或信息，他就倾向于认为近期房屋有可能降价；反之，他就会认为房屋会涨价。因此，我们在加业主或客户微信时，一定要有两个动作：“修改备注”和“添加标签”。修改备注的作用是备注客户的名字及相关信息，以免丢失和遗忘；添加标签的作用是方便我们在朋友圈“精准”投放广告及相关新闻或信息。凡是业主，我们可以在标签栏写上“业主”；凡是客户，则可以在标签栏写上“客户”。而后，我们在朋友圈发相关新闻或信息时，在完成“发送”这个动作前，就可以选择“只给业主看”或“不给业主看”，以达到业主在我们的朋友圈看到的可能都是关于房屋降价或滞销的新闻或消息，而客户却看不到，或者是看到完全相反的新闻或信息，以达到销售目的。

2. 利用新闻引导业主或者买家

由于房地产买卖涉及金额巨大，业主或买家都喜欢观望。那么，如何解决这个问题呢？其实引导客户明确市场行情及市场方向是非常重要的。作为房地产销售人员，我们主要依靠微信文章的转发、手机短信或是专业网站的新闻贴来接收与房地产相关的新闻，以此来不断掌握房地产市场行情。

所以，你也可以从这些新闻中挑选一些转发给业主或客户，通过这些新闻不断地引导他们，让他们对房地产市场的行情有所了解，从而降低谈价的难度。记住：所有转发的信息都要是客观的，不带有房地产中介的主观意愿的，不能让业主或客户感觉到是在强买强卖。

3. 利用电话逼定

在客户看楼时，如果房地产销售人员观察到他喜欢这套房子，那么很多人会利用电话逼定，告诉客户这套房子有其他人看上了，准备过来下诚意金，以此来制造一定的紧张气氛，甚至逼定。

4. 利用钥匙制造紧张气氛

带客户看钥匙盘时，如果客户非常喜欢，经纪人通常会逼定。如果逼定不成功，经纪人往往会送客户到车站，但不会一起上车离开，道别时他会跟客户说：“××先生，不好意思，我不能送您了，我要在这里等我同事，他等一会儿还要带其他客户来看房，我拿着钥匙，只能在这里等他，不好意思。”以此来制造紧张气氛，也为再次联系客户或下次逼客户下定做铺垫。

第 17 章 让客户不好意思再砍价的房屋价格诉求法则

有个人想买辆二手车，想到要砍价，特意选了一个人比较少的日子去看车，因为人多的时候没法跟销售人员充分沟通。于是，在那年下了第一场雪的那天早上，他兴高采烈地来到了售车大厅。售车大厅灯火通明，里面除了整齐着装的销售人员外，一个顾客也没有，于是，他信心百倍地大步迈向售车大厅，心想，这回一定要狠狠地砍价了。

售车大厅的销售人员看到他来了，热情地迎了上来，但心里却想："今天除了这位顾客外，没有其他人来看车，看来他一定要狠狠砍价了。没人看车是我们的弱势，可是怎样扭转这个弱势呢?"于是，这位销售人员跑到门口，对这个人说："先生，您好，看来您一定特别想买辆车吧，要不怎么下这么大雪还来买车啊!"话一说完，形势立即扭转，这位顾客再也提不起砍价的劲儿了。

销售过程就是心理博弈的过程，要主控销售过程，就得先主控顾客心理。但是在实际销售过程中，顾客提出的一些问题或销售过程本身存在的一些问题恰恰让销售人员处于弱势地位，失去主控权。销售人员一旦失去了主控权，则会被顾客牵着鼻子走，没办法达成交易。因此，在销售过程中处于弱势地位时，销售人员要善于把劣势转化为优势，就像上述汽车销售人员那样，迅速扭转心理地位，通过转化出来的优势重新主导销售过程。

第一次世界大战期间，美国一家国家控股的保险公司推出了一种专门为士兵设计的保险，该保险只需要士兵们每周投资 2 美元，一旦士兵在战场上阵亡就可以获得 10 万美元的赔偿。一开始，保险公司就与军队的管理人员做好了充分的沟通，不断地在士兵中宣传。士兵本来就害怕上战场，阵亡就更不愿意提及了，所以阵亡后获赔对他们一点儿吸引力都没有，任凭推销员怎么宣传，就是没有一个士兵购买。

后来，一位新的推销员接手了该项保险的推广工作，该推销员没有继续原来的推销思路，而是先跟士兵们进行了充分的沟通。当士兵们喝得有些醉意时，他对士兵们说："你们想一想，一个买了保险的士兵上战场，如果阵亡，国家要赔偿 10 万美元；而没有买保险的士兵上战场阵亡，国家不用赔偿 1 分钱，你们觉得国家会派哪种士兵上战场呢？"

结果没过几天，买保险的士兵就排起了长队。

在售楼过程中也经常遇到自己处于弱势的情境，只要我们把握住事物的两面性，就可以很好地把弱势转化成销售优势。

我有个朋友开了一家小型房地产中介门店，有一次，我到他那里拜访，他正在与一个客户签订承诺书，承诺书上约定要收 3%的中介费，这位客户嫌中介费太高了，于是说道："你们这么小的中介公司也要收 3 个点，不会吧？你看隔壁那家大公司才收 3 个点，他们可有近百家门店啊。"其实，这位客户的意思是大公司有品牌，收费贵点在情理之中，而小公司品牌知名度不够，收费自然要低一些。

我看到朋友坐在那里一时不知说什么好，但想到公司小其实也是一种优势，便走过去打圆场。我对那位客户说："先生您好，我想您肯定想买一套性价比高的房子，而且希望能够在买房过程中享受到最好的服务，而不会是想买一家大公司吧？"这位客户听我这样一问，不吭声了。于是，我接着说："大公司嘛，我们以前也都是从大公司出来的，大公司门店多，客人也多，搞的都是流水线作业，因为客户太多了，没时间，也没办法对每一位客户都照顾得很周到，还经常出现一些工作疏忽。谈价的时候也能明显感觉到，他们不可能花大量时间为某一位客户去谈价；我们公司就不一样了，您别看我们公司客户不多，但为了这几位客户能够获得最大的利益，我们肯定拼命地去谈价格，拼命地提供最好的服务。”

听了我的这番话，这位客户再也不说 3 个点的中介费贵了，很快就签了承诺书。

类似的情况在售楼过程中还会遇到很多，关键是你要认清事物的两面性，因为有不利必有利，所以要善于找出事物有利的一面，并巧妙地将优势转化出来。转化优势时提出的问题最好是能够获得肯定回答的，然后陈述你的销售优势。

例如，在新楼盘的销售中，一般小开发商会让人担心其资金实力不够，客户还经常拿其与大开发商比较。那么，如何将公司规模小这一不利因素转化成优势因素呢？你可以这样说：“先生，我非常理解您的心情，很多人的确会有这样的担心，通常我们买楼都比较喜欢买大开发商开发的楼盘，不过，最近有些客户跟我反映了一些情况，不知您注意到没有？其实，客户是要买一个素质好，质量有保证的楼盘，而不是要买一家大开发商的楼盘，您说对吗？一般来讲，大开发商开发的楼盘多，要顾及的事情也很多，反而没有小公司运作得那么顺畅。就拿开发资金运作来说，大开发商的楼盘多，需要的资金就多，说不准哪天哪个环节出了问题，整条资金链就断了。如果真是这样，恐怕它开发的楼盘都要受牵连。所以大开发商开发的楼盘风险不仅来自某一个楼盘，而来自全部楼盘。我们公司就不一样了，我们公司本身资金实力就很雄厚，而且这个项目是我们公司的第一个楼盘，我们老板有意把它打造成精品。您想，在这种情况下，我们公司能不把楼盘质量看成自己的生命吗？所以，您根本不用担心楼盘素质及资金这些问题。”

第18章　匪夷所思的层进式需求引导术

在一个风雨交加的日子，一个穷人到富人家讨饭。仆人说："滚开，不要来打扰我们。"穷人说："只要让我进去，在你们的火炉上烤干衣服就行了。"仆人认为这不需要花费什么，就让他进去了。这时，这个可怜的穷人请求厨娘给他一个小锅，以便他煮石头汤喝。"石头汤?"厨娘说，"我想看看你怎样用石头做成汤。"于是她递给了穷人一个小锅。穷人拿出在路上捡的石头，洗净后放在锅里煮。"可是，你总得放点盐吧?"厨娘问，说着她给了穷人一把盐，后来穷人又要求给些豌豆、薄荷、香菜、胡萝卜，也都得到了厨娘的同意。最后穷人说："要是能放点碎肉进去，汤一定会更鲜美一些。"当然，你肯定能猜到，这个可怜的穷人后来把石头捞出来扔回路上，美美地喝了一锅肉汤。

这个故事里的"穷人"通过自己的智慧做了一锅神奇的"石头汤"，他的推销技巧可谓高明至极。他从"进门烤干衣服"做起，然后以"借锅做石头汤"为由引起厨娘好奇，而后，不断要求加材料，循序渐进，曲线做事，最终达成不让自己挨饿的目的。

销售也是这样，客户的需求分为显性需求和隐性需求，上述案例中，智慧的"穷人"掌握了对方"好奇"这个隐性需求，成功达成自己的目的。因此，在销售过程中，层层推进，不断挖掘客户隐性需求，将会有效引爆客户需求。

下面通过一个案例更好地展现这种层进式的需求引导术。案例中，国王要去打一场战役，推销员向国王推销战马用的马蹄钉，国王告诉他马蹄钉已经全部准备好了，不再需要了。一般的推销员可能就此止步了，而这位推销员又是如何找到国王的隐性需求，成功地推销出自己的马蹄钉的呢？

推销员：“尊敬的陛下，您好。我是××马蹄钉公司的，被派来调查一下我们军队的战马使用的马蹄钉情况，我的名字叫××。”

国王：“哦，马蹄钉，我们刚刚采购了一大批，没有需要了。”

推销员：“陛下，我知道您的军队已经采购了一大批马蹄钉，我正是为此而来的，我主要是过来了解一下您采购的马蹄钉的情况，我想问您几个问题。”

国王：“哦，这样啊，那你有什么问题？”

推销员：“陛下，是这样的，您在选择马蹄钉时最关注的是什么？”

国王：“一是要能钉上去，二是要物美价廉，我们每次都是采购一大批马蹄钉。”

推销员：“陛下，看得出来您是一位善于治理国家的君王，我还想问您一个问题，就是您购买马蹄钉的目的是什么？”

国王：“当然是保护马蹄，让马跑快点啦！”

推销员：“陛下，您说得太对了，如果一个马蹄钉钉在马蹄上，让马蹄比较舒服，马是不是会跑得更快一点呢？”

国王：“这个当然。”

推销员：“所以，一个马蹄钉的舒适性是不是非常重要呢？”

国王：“是的。”

推销员：“陛下，如果马跑得特别快，马蹄钉是不是一定要钉得非常牢固呢？”

国王：“对。”

推销员：“陛下，如果在战场上，您的马蹄钉舒适度不如敌人战马的好，那您的战马是不是会跑得比敌人的战马慢呢？”

国王：“这个当然。”

推销员：“如果我们的战马跑得比敌人的慢，这意味着什么呢？”

国王：“输了战争。”

推销员：“如果因为马蹄钉不够牢固，您的战马的马蹄钉在奔跑中掉了，那战马会怎么样？”

国王：“马可能摔倒。”

推销员：“如果有一个将军的战马因掉了马蹄钉而摔倒，结果会怎么样呢？”

国王：“将军会掉下马，被敌人俘虏，导致战争失败。”

推销员：“陛下，也就是说，您觉得马蹄钉的舒适性、牢固性对于能否赢得战争起着非常重要的作用，是这样吗？”

国王：“是的。”

推销员：“陛下，我们公司的马蹄钉是世界上舒适性、牢固性最好的，您是否有兴趣了解一下？”

国王：“好的。”

销售就是这样，在逼客户下定时，需要循序渐进，曲线突破，直至成交。下面我们看一个在房地产销售中使用层进式需求引导术成交的案例。

经纪人：“张先生，我刚才带您看了四楼 362 万元和三楼 328 万元这两套房子，您觉得哪套要好一点？”

客户：“三楼这套还不错。”

经纪人：“张先生，假如三楼这套您要买的话，会选择一次性付款，还是银行按揭？”

客户：“当然是银行按揭。”

经纪人：“假如您选择银行按揭，首付会选择五成，还是六成？”

客户：“首付当然少点好，但是二次置业首付最少都得五成。”

经纪人："假如您选择首付五成，诚意金您会下3万元，还是5万元？"

客户："3万元吧。"

经纪人："3万元，好吧，张先生这边交款。"

在这个案例中有三个关键点，一是"您觉得哪套要好一点"，而不是"您喜欢哪一套"，问喜欢哪一套，客户可能会说两套都不喜欢；二是用"假如"这两个字让客户感觉不到压力，不知不觉进入销售循环；三是始终用"二选一"的方法提问，锁定客户的回答，直至成交。

第 19 章　网络营销中如何快速锁定销售线索，挖掘“金矿”客户

统计显示，一线城市经纪人所拥有的客户量的 80%以上是从网络获取的，网络经纪人已经成为中国房地产中介公司最普遍的一种经纪人形式。那么，如何在网络上将客户“一网打尽”；如何在网络上战胜对手，获取更多的客户资源；如何利用网络营销手段，传播品牌及影响客户，已经成为房地产中介公司面临的重要问题。

房地产中介公司如何做好网络营销，不仅是公司市场部的事情，而且与经纪人的业绩与前途息息相关。网络是一种影响力非常大的媒体，媒体的主要功能是传播信息，而房地产中介公司是进行居间服务的，所以，从某种意义上看，房地产中介公司是在经营信息，通过收集和发布房源信息、撮合买卖双方、协助完成交易的居间服务，最后收取中介费。因此，在发布盘源和收集盘源这两个重要的环节上，媒体能起到很大的帮助作用。但是，如果简单地认为媒体与房地产中介公司的关系只是普通的广告主在媒体上发布付费信息就比较片面了。如果要推广的是产品，可以利用媒体打造一个长期稳定的形象，但房地产中介公司拥有的是信息，时效性非常强，所以要从以下三方面理解媒体与房地产中介公司的关系：

第一，媒体是房地产中介公司所拥有信息的放大镜，从门店的点到

社会的面，从个人群体到多元化群体。

第二，房地产中介公司的媒体费用实际上是租金的一个延伸，即把门店的橱窗放大。例如，在天河区租一家店铺的租金是 30000 元，但最终租店面的花费是多少？租办公场所的花费是多少？一家临街面宽 10 米、进深 4 米、租金 30000 元的店铺和一家临街面宽 4 米、进深 10 米、租金 25000 元的店铺，你会选择哪个？

第三，媒体是房地产中介公司收集房源信息的另一个渠道。这一点很容易理解，就是在找房人发现你的同时，业主也会通过同一渠道发现你，效果是双倍的。

既然房地产中介公司与媒体的关系如此密切，那么，房地产中介公司在日常业务运营中，如何利用网络营销有效提升业务量，获得更多客户呢？

1. 加大房地产中介公司盘源曝光率

房地产中介公司之间的竞争经常锁定为位置战，铺面要选在转角位，要有一定的人流量，门面要够宽，橱窗要够大；在网络上发布信息最好选择首页，而且位置越靠前越好。这样做的目的只有一个，就是让更多人看到信息，增大信息的曝光率。同时，要清楚地认识到我们争的是什么？得到了什么？为什么要付出这种代价？用最小的代价获得最高的曝光率，是我们做出选择的根本宗旨，这其中要考虑如下因素：一是有效曝光率——提高业绩与成交量，提升品牌知名度，可以利用 58 同城、安居客、抖音及其他平台。需要特别提醒的是，现阶段要高度重视短视频和直播的作用，并积极投身其中。二是无效曝光率——只对提升品牌知名度有帮助，比如路牌广告、小区出入口广告牌等。

房地产中介公司会根据自己愿意付出的成本选择适当的方式获得相应的曝光率，当然，要将金钱成本、时间成本和人力成本综合在一起，进行全盘考虑。目前，使用比较多的做法有如下几种：一是在大公司的旁边开铺，牺牲竞争优势来借光；二是在主流媒体上做广告；

三是在58同城、安居客等平台购买网络端口并上传房源信息；四是在抖音、快手等短视频平台进行短视频营销，或者通过直播成为网红经纪人。

2. 平衡企业发展中的“业绩效果”与“品牌效果”

在媒体上投放信息广告的目的是看到业绩效果与品牌效果，也就是利与名，但不是在所有媒体投放都能得到这两样东西，比如，在分类广告以及一些单纯体现个人与房地产中介公司房源的网站就只能产生业绩效果，产生不了品牌效果，而电视广告这样的广告形式就只能打造品牌效果。

在房地产中介行业，广告的业绩效果是经纪人与老板分享的，但品牌效果是老板独享的，所以在选择媒体时，门店与公司往往会产生矛盾，门店要求刊登业绩效果好的广告，公司却希望选择品牌效力强的广告，费用分摊，品牌效力大，老板收获就大。这就是有些被门店认为毫无效果的媒体广告，公司却仍然不断投放的原因。

房地产中介公司要根据自己所处的不同发展阶段，选择不同的营销方式，要清楚自己最想得到的是什么，平衡业绩与品牌的权重关系。

3. 根据网站的优势分配广告开支

不同的平台会有不同的优势，如好友交流用微信，看新闻用头条、网易等，房产搜索用安居客、58同城、贝壳（贝壳目前不开放给外部经纪人）。这些平台有的租赁客户关注多，有的买卖客户关注多，而这些优势又因区域不同而有所不同，人们会从App中主动寻找需要的信息。因此，房地产中介公司一定要根据不同App在区域内的优势来分配广告开支额度。

4. 付费网站“网络经纪人”使用要点

很多网站都有付费网络经纪人端口，经纪人一般使用2~3个网站，在使用过程中应注意以下几点：一是房源质量的提高与自身信誉和品牌捆绑在一起；二是网络经纪人自身的素质要不断提高，要写楼评、写自传，先要被客户接受，才有机会见到客户；三是要让客户充分了解自己，了解是信任的基础；四是所发布信息的标题要有吸引力；五是图片要丰富，画面要精美；六是根据竞争对手的同类盘源广告，对自己的盘源广告进行修改，保证与竞争对手的同类盘源广告相比更有吸引力。

第 20 章 如何将成交逼定藏于无形

很多房地产销售人员，在销售的关键时刻不敢要求客户下定，或者害怕逼定会让客户产生压力，比如，以打破砂锅问到底的劲头追问客户拒绝的原因，客户一旦失去耐性，就会破坏双方辛苦建立起来的融洽关系。为了维护这种关系，一些房地产销售人员不敢主动要求客户，而是被动地等待客户自己决策。其实，这是一种非常失败的销售方法，销售人员要敢于向客户提出下定请求，以推进销售进程。在房地产销售中，销售人员与客户的关系如同恋爱中的男女关系，如果男孩子保持主动，这段关系会进展得非常快；相反，如果双方都很矜持，很可能出现僵局。

这里我想强调的是销售中的主动性的重要作用。热恋中的女孩子并不会因为男孩子没有征得自己的同意就亲吻了自己一下，而与男孩子决裂，相反，他们之间的关系也许会更加亲密。当客户还没有说“这套房子非常好，正是我想要买的房子”时，销售人员就要求他下定的行为也一样，客户并不会因为下定的要求而与其关系破裂，相反，他与你的关系可能会因此更好，因为你在鼓励他做决策，用非常肯定的口气告诉他一个信号——这套房子值得购买。如果你一直等待客户主动说“是啊，看来我得快点买了，要不房子就涨价了”，我想，你的业绩很难好起来。几乎没有客户会主动表明自己希望购买的心意，哪怕他们心里非常渴望购买，也会表现出一副满不在乎的样子。他们之所以这样做，目的就是不想在之后的谈判过程中处于被动，想争取更大的议价空间或争取更多的有利条件。

因此，在房地产销售过程中，任何时候都需要房地产销售人员主动向客户提出请求，而不是被动地等待客户决策。

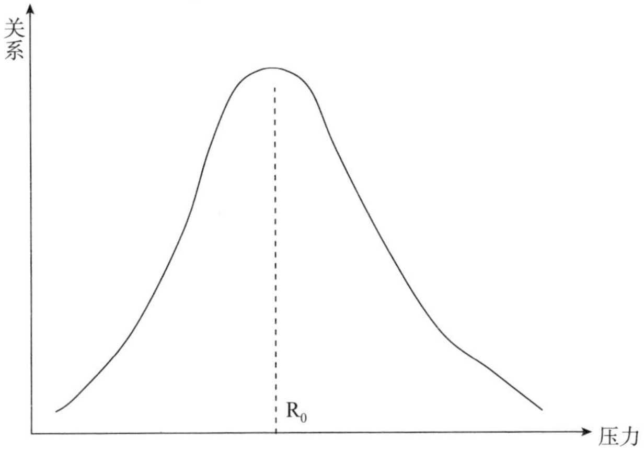

图 20-1 房地产销售人员与客户之间的压力—关系曲线

其实，人与人的关系好坏与他们相互给予的压力大小不是呈正比或反比关系的，而是呈现出一种几何曲线。一开始，人与人的关系随着压力不断增加而越来越好，当达到一个临界点（R0）后，则会随着压力的增加而越来越差。比如，茫茫人海中的两个互相不认识的人，他们不会给对方任何压力，当然也不会有任何关系可言；一旦偶遇一件小事，使得他们互相认识了，这便产生了压力，当然，他们之间的关系也就此形成；经过深入了解后，发现两人还是老乡，那他们之间的压力就会不断加大，但同时关系也会越来越好；当两人之间的压力达到临界点时，一个人向另一个人借了一大笔钱，这种压力使得他们之间的关系开始恶化，并随着压力的进一步加大，关系越来越差。

这种压力—关系曲线普遍存在于人与人的交往中，在房地产销售中也不例外，销售人员在事先没有征得客户同意的情况下要求客户下定，不会破坏与客户的关系，只会加强与客户的关系。因此，在销售过程中，不要害怕向客户提出下定请求或提出其他要求。

有一点必须注意：不能对客户施加过大压力。一些房地产销售人员会经常对客户说“你快点过来下定，不然，我同事的客户就要过来下定了”，或者是用一些时间点来限制客户，比如，要求客户下午两点前过来，不然其他客人就要下定了。这种用强硬态度逼定的做法一定要留有余地，否则，结果只能是把客户“逼”上梁山，让他转投其他中介公司。专业的销售人员在给客户施压时会留下退路，不会用强硬的态度逼迫客户，他们会通过制造“紧张感”等方法来达到逼定的效果。记住：利用“王婆卖瓜式逼定法”远没有利用“第三者制造紧张感”有效。

第 21 章　精准营销——挖掘客户需求的 NEADS 模式

全世界年房屋销售量最多的吉尼斯世界纪录保持者汤姆·霍普金斯在销售过程中发明了一个挖掘顾客需求的 NEADS 模式，让挖掘顾客需求变得简单而有效。NEADS 模式适用于顾客已经在使用同类产品，而你想让自己的产品成为替代品的情况。通过了解对方使用当前产品的情况，了解对方满意和不满意的地方，进而为他提供更好的解决方案。在房地产销售中，则是通过了解顾客对现在居住情况满意和不满意的地方（无论现在居住的房子是买来的还是租来的），了解客户显性、隐性的住房需求，并提供相应的销售方案。

下面我们详细介绍一下 NEADS 模式的使用方法：

1. N（Now）现在——什么是客户现在拥有的?

只有了解客户现在使用的产品，才能知道顾客的价值观以及他们真正喜欢什么。比如，客户现在居住的是一套 60 平方米的两居室，他对户型、邻里关系、物业管理、地段、配套、周边环境等哪些地方最满意，如果我们推荐的房子与他的喜好吻合，就比较容易打动他。

2. E（Enjoy）满意——客户对现有产品哪里比较满意?

人永远只购买自己喜欢的产品，而不会购买自己不喜欢的产品，如同恋人，要相互喜欢，才会和对方在一起。客户对现在居住的户型、邻里关系、物业管理、地段、配套、周边环境等哪些地方最不满意，我们推荐的房子就要尽量避免这些问题，这样才能提高销售效率，减少客户拒绝。

3. A（Alter）不满意——客户对现有产品哪里不满意，最想改变的是什么？

我们知道有些客户是怀旧型的，也有些客户是新潮型的，他们喜新厌旧，不会再使用自己曾经使用过的东西。当然，也许是他们在使用过去的产品的过程中发生了一些不愉快，导致他们产生了厌恶心理，想获得新的体验与感受。所以，你必须想方设法了解清楚客户最想改变的是什么，再据此设定你的工作方向。

4. D（Decision-maker）决策者——谁是最后的决策者？

如果我们不了解谁是决策人，或者成交时决策人不在场，就容易发生令我们叫屈的事情，比如，在我们做了房屋介绍、信息沟通、价格谈判之后，对方突然跟你说："对不起，这件事我做不了主，还得去问我爸爸……"因此，了解客户需求时，一定要先了解谁有决策权。你可以问客户："假如我们很幸运能为您找到想要的房子，除了您之外，还有谁需要参与最后的决策？"决策者才是房屋买卖的核心人物，所以找对决策者是非常重要的，否则会浪费很多时间，并消磨你的耐心和信心。

5. S（Solution）解决方案——如何提供满意的方案解决不满意的问题？

推销是信心的传递、情绪的转移，你要给客户传递一个信念——你是最好的、最棒的，你能为客户解决一切问题。一位优秀的房地产销售人员，应该有能力研究与分析客户的置业需求，并能够为客户推荐最符合需求的房屋，协助客户与业主达成价格谈判，直至成交。

NEADS模式在房地产销售中的具体运用可以参考下面的情景对话。

经纪人："××先生，请问您现在住哪里？"（了解客户目前的居住状况）

客户："我就住在骏丰花园。"（因为不知道经纪人的目的，客户有

所迟疑）

经纪人："好地方啊，我有个同学也住在这个小区。"（套近乎，以此拉近与客户的距离，同时了解客户对目前居住的满意之处）

客户："嗯，是个不错的小区，这里安静，小区住户素质高，生活特别舒适，就是目前住的这套房子才60平方米，小了点。"（客户道出自己对目前居住状况的满意之处及不满意之处）

经纪人："对，的确是一个舒适的小区，不过，60平方米的确是小了点。哦，对了，我们公司在这个小区也有一些大面积的单元，不知您是否会考虑呢？"（试探性提出问题，看客户对目前居住是否还有其他不满意的地方）

客户："哦，因为去年工作调动，目前每天上下班在路上花费的时间实在太多，还是希望在工作单位附近找个同类型的小区。"（客户道出另一个不满，就是离上班地点远了点）

经纪人："那是，骏丰花园离您上班的地方确实远了些，其实您工作单位附近的城市花园跟这个小区很相似，素质非常高，离您上班的地方只有十分钟左右的路程，那里的大面积单元您觉得如何？"（对客户的说法表示认同，并继续试探）

客户："嗯，听说那里不错，你们有120平方米左右、总价在420万元左右的单元吗？"（客户道出需求，并讲出期望）

经纪人："房子是找出来的，我公司在那里有非常丰富的客源和房源，我们会迅速帮您找到您想要的房子。哦，对了，顺便问一下，这次买房房产证写您的名字，还是……"（强调公司在这个小区的专业性，增加客户信心，并顺势试探一下买房决策人是谁）

客户："写我的就行了。"（客户表明自己是决策人）

经纪人："嗯，还有其他特别要求吗？"（了解客户买房要考虑的其他因素）

客户："就是价格要控制在450万元以内，不能太高。"（客户强调价格，看来这是他的预算上限）

第22章　如何塑造房屋价值，引爆客户购楼情绪

同样是跑鞋，为什么有的卖几百元，有的卖几千元甚至上万元？有人说那是品牌的作用，还有人说出售跑鞋的地方不同、租金不同，价格当然不同。无论选择卖品牌，还是卖文化，我们都要承认，今天已经从产品制造时代进入了产品价值塑造时代，在产品供大于求的今天，谁能更好地塑造产品价值，谁就能取得最终的胜利。

一般来说，顾客在购买商品时会考虑两种价值——实际价值和心理价值。实际价值就是实际上可以产生的价值，是一种实实在在的价值，可以通过同类产品的价值对比获得；心理价值则应满足顾客的某些欲望，实现顾客的某些梦想或者可以减少顾客的某些痛苦，是顾客内心深处的满足，是一种感觉。买好车的人可能并不在乎车子本身的性能，而是看中了品牌价值和由此带来的身份象征。由此可以推断，有时候顾客在购买商品时看中的不仅仅是产品的实际价值，更是产品的心理价值。因此，在销售过程中，客户买的永远不只是你的产品和服务，更是他对你的产品的心理感知价值，如果你不会塑造价值，那么你对销售将会力不从心。

那么，房地产销售人员应该如何塑造房屋价值，引爆客户购楼情绪呢？我们先来看一个成功塑造了“外墙很破、天花板渗水”的房屋价值的销售案例。

经纪人：“郑先生，您看对面那栋楼，3 层从左向右数，第一个阳台就是我跟您讲的那套房子。”（售楼人员站在学校一侧，边说边指着一套房子在向客户推荐）

客户：“啊，不会吧，外墙这么破！”（这套房子楼龄 30 年，外墙肯定破，不过却要 50000 元/平方米，客户没想到这么贵的房子却这么破，非常不满）

经纪人：“嗯，的确是有点破。”（经纪人故意看了看，先认同客户，不与客户争论）

经纪人：“对了，请问您知不知道去年高考英语单科状元叫什么名字?”（经纪人正在塑造学区房的价值）

客户：“不知道哦。”

经纪人：“是××，他小时候就是在这所小学读书的。”（经纪人用“状元”塑造房屋价值）

客户：“啊，那会不会渗水?”（客户听说这所小学出了状元，就跟经纪人去看房，一进房间，再次表现出不满）

经纪人：“嗯，是有点渗水，不过好像不是特别厉害。（经纪人再次附和客户）请问您知道大前年高考物理单科状元叫什么名字吗?”（经纪人继续塑造学区房的价值）

客户：“不知道。”

经纪人：“是××，他小时候也是在这所小学读书的。”（经纪人再次用“状元”来塑造房屋价值）

在这个案例中，经纪人推荐的房屋外墙破旧，天花板渗水，从实际价值来讲，客户通常会拒绝，但“这所小学曾经出了不少状元”这个心理价值却是客户非常希望得到的。经纪人巧妙地塑造了心理价值，从而得到了客户的认可，最终将房屋销售出去。这里将塑造房屋的心理价值，引爆客户购楼情绪的要点总结如下：

1. 利用地段、环境和景观塑造房屋价值

房地产三要素：地段、地段、地段，所以，在介绍房屋时，一定要强化地段优势，地段带来的是保值、升值以及生活的便利。此外，环境和景观方面的价值也需要好好塑造，可以通过这两个方面强调入住后的生活舒适性。

2. 量化房屋价值

如果楼盘价值无法量化，就很难有说服力，因为数据的说服力比简单描述要大得多，所以要量化楼盘的价值，从实际价值和心理价值两个方面进行量化。比如，你介绍的这套房子比市场价低了 500 元/平方米，这就是这套房子带给客户的实际价值。心理价值是客户内心深处的满足感，是能够满足客户欲望、实现客户梦想的东西。比如，告诉他们入住后生活更舒适、出行更方便、物业管理更安全，抑或是更有地位等。

3. 用材料和工艺塑造房屋价值

例如，你可以告诉客户这套房子以前是某个重量级人物住的，装修用的都是进口材料，质量非常好，连防盗网用的不锈钢都是特制的。一手楼销售时，销售人员经常把材料的品牌、市场价格等告诉客户，让他们相信房屋质量非常好，也可以用建筑工艺等来塑造房屋价值。

4. 利用楼盘的稀有性和独特性塑造价值

稀有性或独特性是客户无从比较的，所以，在你强调楼盘的稀有性和独特性时，会给购楼者一种不买就错过机会的感觉，以此来塑造房屋价值是非常有效的。

第 23 章 让客户无法货比三家的唯一性成交法则

有一次，我在房地产销售技巧训练班上举行了一个模拟拍卖会，我要拍卖的是一两茶叶，我要求学员们出价，谁出价最高，谁就可以得到这一两茶叶。

当同学们准备出价时，我赶忙说：“等我介绍完，再请同学们出价。”于是，我开始介绍：“全世界只有一个地方产这种茶叶，就是武夷山，因为阳光、日照、土壤等条件限制，武夷山也只有两棵这样的茶树，且每年只能采一次茶叶，一共五两，其中四两已经作为礼品赠送出去，我手上的是最后那一两，请各位出价。”

我看到学员们纷纷出价，有的出 1000 元，有的出 10000 元，甚至有人出到 100000 元。一轮竞价之后我问学员：“这一两茶叶有什么特殊之处吗？它或许也只是一两非常普通的茶叶吧，你们为什么出这么高的价格?”学员们异口同声地回答：“它只剩下一两啦，物以稀为贵。”

好一个“物以稀为贵”。心理学研究表明，人们往往会为“稀有”埋单，怪不得鲁迅先生在《在仙台》一文中写道：“北京的白菜运往浙江，便用红头绳系住菜根，倒挂在水果店头，尊称为‘胶菜’；福建野生着的芦荟，一到北京就请进温室，且美其名曰‘龙舌兰’。”鲁迅先生是文学家，却讲出了“物以稀为贵”的经济学道理。

曾经有人做过一项心理测试，邀请被测试者品尝巧克力曲奇饼干，当被测试者从一个满满的罐子里拿出曲奇饼干品尝时，他们说味道不错；当被测试者从一个几乎空了的罐子里拿出曲奇饼干品尝时，他们说这块饼干的味道比刚才那块更棒，其实，两块曲奇饼干是同一种。这项研究说明了人类天性中极为有趣的一面，即人们往往认为越稀罕的东西价值越高。

在房地产销售中，只要充分运用这一原理，就没有卖不出去的房子。这里介绍几个方法，使用这几个方法能够让你在房屋介绍中很好地展示房屋的唯一性。

1. 只介绍部分内容，以达到“唯一”的效果

在上述模拟拍卖茶叶的案例中，为什么学员们会认为茶叶是唯一的呢？主要是我只介绍了这一两茶叶的一小部分内容。当我听到学员们出价越来越高时，我立即打断了他们，要求他们听我介绍完整后再出价。

我跟学员们说：“世界上任何一个人都是唯一的，哪怕是孪生兄弟，也一定会有差别，最起码他们之间的 DNA 是绝对不同的。像这两棵‘唯一’的茶树一样的树，武夷山还有三万棵，一年产茶叶 500 吨，其中一吨连同这两棵茶树产的二两一起被送往中南海，用于一般的接待；还有半吨连同这两棵茶树产的二两一起被运往美国白宫，用于日常接待。这就是剩下的那一两，现在请各位出价。”学员们听到这里，都觉得这一两茶叶太普通了，都不想要了，更不要说出高价了。

接着我问大家：“我刚才在说第一段话的时候有没有欺骗各位？”学员们异口同声地回答：“没有。”他们觉得那一两茶叶“昂贵”，主要是因为没有听完我的全部介绍。

其实，在房屋介绍中也一样，当销售人员只讲出部分内容时，很多客户便会自己说服自己，认为这套房子是唯一的，价值非常高。

记得在一个房地产销售技巧培训班上，我请一位身体较胖的学员上来做情景演练，我要求该同学扮演客户，我向他推销一套顶楼七楼没有电梯的房子。当我问他是否考虑这套房子时，他说楼层太高，于是，我又问他："张先生，您有没有留意这样一个事实，凡是从顶楼七楼走下来的人个个都特别健康?"他深思了一会儿，表示同意。我接着问他："张先生，您希望自己也特别健康吗?"他沉默了一会儿，表示特别希望。"那您知道该怎么办了。"我看着他说。

在这个情景演练中，我只是介绍了部分内容，导致张同学认为只有从顶楼七楼走下来的人才特别健康，其实从六楼走下来，五楼走下来的，甚至连从一楼走出来的人都可能特别健康，只是我在介绍中没有提及，以至于对方以为只有住在顶楼七楼的住户才特别健康。在房地产销售中，这种只介绍部分内容，以达到"唯一"效果的方法被广泛运用。

2. 以"少有"或"独家"等来塑造唯一性

独家代理、特价单位、一年只有这一套单位放盘、限时销售盘源、明天就会进行价格调整、唯一没有涨价的房子等都可以体现房屋的唯一性，以此来刺激客户购买。

3. 寻找房屋本身的唯一性及独特性

可以依据地段、景观、朝向、人文环境、户型、小区配套、价格、楼层、绿化、交通、学校、医院、重大市政设施等要素寻找所推销房屋与周边房屋的区别，以及具有独特性的地方，以此来体现房屋的唯一性，提高房屋的心理价值。

第 24 章　房屋销售，搞对时间真的很重要

有一次，我在《开单也疯狂》的课堂上问一位学员："张小姐，我想请你仔细回想一下，你以前逛街买东西是不是都在中午 12 点以前？"她告诉我她上午一般不买东西。于是，我又问："假如下午或者晚上去逛街，一般会有什么收获？"她告诉我一般都是大包小包提回家。听完她的回答，我又问："为什么中午 12 点以前你不买东西，而下午或晚上则喜欢买东西？"这时，很多人一起回应我，有人觉得上午比较清醒，有人觉得上午逛街时总感觉还有时间，不会迅速做决策，还有人觉得这是个人习惯问题。

如果此时我向你提出这个问题，你会怎么回答呢？不管你怎么回答，有一点是确定的，女性这种"中午 12 点以前逛街一般不买东西，而下午或晚上逛街比较喜欢买东西"的习惯，不是个人行为，绝大多数女性都有这种习惯。

心理学家对这种现象做了一个概括性的解释，即女性在下午或晚上比较容易被销售人员说服，相对男性来说，女性天生更喜欢逛街，有人说女性一生有三分之一的时间都在逛街，而且越逛越上瘾，但女性逛街不一定为了买东西，很多时候仅仅是一种爱好而已，只要时间允许，绝大多数女性会在下午或晚上做出购买决定。掌握了这一规律，我们就可以将它运用到房地产销售中了。

在你的房地产销售生涯中是否遇到过这样的现象，前一天晚上约一位女性业主过来签合同时，她没有任何疑问，可第二天早上 10 点她就到门店来，说这儿有问题，那儿也有问题。作为销售人员，你可能会想：昨晚可能是我哪里没做好，哪里出现了疏漏，但你有没有想过，也许是你约她签合同的时间不对呢？

除了女性这种特殊的时间属性外，从事不同工作的人其作息时间也会有所不同。我们在跟进、谈价、看楼、签约的时候，都要顾及业主及买家的作息时间。比如，你到一位退休老人家看房，如果老人有孙辈，他可能早上 7 点多要送孙辈上学，之后会去菜市场，大概 9：30 至 10：00 回家，中午 12：00 到下午 2：30 吃午饭并进行午休，下午 5 点左右要去接孙辈回家，所以，在这些时间段最好不要约他。如果业主或客户是上班族，一般工作时间可以接电话，但是中午 12：00 到下午 2：30 是午饭和午休时间，最好也不要打电话。

当然，人们的作息时间也会因为所在城市不同而有所不同，你需要考虑你所在城市的生活节奏，生活节奏会影响人们的作息时间。比如，在北上广深等一线城市，一般的职员中午是没有时间回家吃饭的，但很多小城市的人是回家吃午饭的。总体而言，可以遵循以下规律跟业主或客户预约时间：

①年轻人：刚走上工作岗位，上班时间没有太多空闲，可利用的时间多在下班后或周末。

②外企员工：上班时间不自由，可利用的时间多在下班后或周末。

③窗口经办人员（机关/银行/收费处）：上班时间不能接打电话，可利用工作以外的时间。

④公务员：上班时间可以电话联系，午休时间最好不要打扰。

⑤机关领导：上班时间可以电话联系，午休时间最好不要打扰，一般不太愿意占用周末时间。

⑥私企老板：时间很灵活，不宜在晚上 8：00 至 10：00 联系，此

时他们大多在应酬。

⑦企业高管：时间上有一定的灵活性，一般电话联系都没有问题。

⑧教师：可以在上班时间通过微信预约通话时间，上班时间多数在上课。

⑨工人/柜台销售：上班时间严禁电话联系，可利用工作以外的时间。

⑩医护人员：上班时间可以电话联系，午休时间最好不要打扰。

⑪非柜台销售人员：时间比较灵活，晚上 8：00 至 10：00 可能会有应酬。

⑫家庭主妇：下午 5 点以后基本没时间。

第 25 章　是的，你可以将冰卖给因纽特人

美国有一家鞋厂，为了扩大市场，老板派一位市场经理到非洲的一个孤城调查。那位市场经理一抵达就发现当地人没有穿鞋的习惯，他马上发电报告诉老板："这里的居民从不穿鞋，此地无市场。"老板接到电报后思索良久，又派另一位市场经理去实地调查。当这位市场经理见到当地人没穿鞋的时候，异常兴奋，马上发电报告诉老板："此岛居民无鞋穿，市场潜力巨大，快寄一百万双鞋过来。"

这是众多市场营销教科书都引用过的一个经典案例，这个案例告诉我们，要用乐观积极的心态去面对任何事情。不同的销售人员面对相同的市场情况，产生了截然不同的两种观点：一个人悲观失望，叫苦连天，心想这地方怎么能卖得出鞋呢？于是打道回府，不战而败。另一个人乐观自信，面对非洲市场喜出望外，心想如果能让所有人都穿上鞋，那么我的市场该有多大啊！于是大获全胜。

这是一个非常典型的思维训练案例，它告诉我们凡事要从正面看待，要积极乐观地应对。当我们手持半杯水时，千万不要做悲观的营销人员，说这只杯子一半是空的；而应该做积极乐观的营销人员，说这只杯子一半是满的。

从销售实操的角度继续讨论这个案例，如果现在给你一批鞋，面对一群没有穿鞋习惯的非洲人，你可以用什么话术来说服他们买鞋呢？遗

憾的是，所有的市场营销教科书都没有给出答案。在我举办的《开单也疯狂》的课堂上，我曾经把这个作业布置给学员，要求他们听完课程之后编制出成功推销的话术，结果，他们都做到了。为了让正在阅读的你也可以轻松地把鞋推销给不穿鞋的非洲人，我先示范一个将冰卖给因纽特人的案例。因纽特人生活在冰天雪地的北极，他们要冰块干什么呢？我们先来看下面这则对话。

推销员："您好，我来自遥远的中国，我在中国就听说因纽特人是一个非常伟大的民族，今天能见到您真荣幸。"

因纽特人："您好，欢迎来到北极。"

推销员："是这样的，有一件事我感到非常纳闷，就是因纽特人从来都不买冰，是这样的吗？"

因纽特人："是的。"

推销员："哦，为什么呢？"

因纽特人："您没看到吗？我们这里到处都是冰。"

推销员："哦，那除了冰，这里还有什么呢？您？我？对了，远处那一群动物是不是北极熊？"

因纽特人："是的。"

推销员："您看，那只北极熊在干什么？是在大便，还是小便？你们这里的冰肯定有好多大肠杆菌啊！"

因纽特人沉默了。

推销员："哦，这是您的小孩吗？好可爱哦。"（推销员指着旁边一个五六岁的小孩）

因纽特人："是的。"

推销员："看得出来，您一定非常爱他，而且他这么可爱，您肯定非常会带小孩。"

因纽特人："这个当然，哪个做父母的不爱自己的小孩呢？"

推销员："说的也是，我也非常爱我的小孩，我们都觉得在孩子童年时，只要经济条件允许，尽量让他使用质量好一点的东西，不知您是否赞同这样的观点呢？”

因纽特人：“这个当然，您看，我的孩子爱喝可乐，我连你们喝的可乐都买给他喝。”

推销员：“是吗？但是为什么我觉得您不太爱您的孩子呢？”

因纽特人：“为什么这么说呢？”

推销员：“因为您还让您的小孩使用含有大肠杆菌的冰，您说这是爱他吗？”

因纽特人：“这个……”（有点不知如何是好）

推销员：“您真的爱他吗？”

因纽特人：“这个当然。”

推销员：“那您要不要更爱他，让他以后喝可乐时放那些没有大肠杆菌的冰。”

因纽特人：“可我们这里的冰都是这样的啊。”

推销员：“您很幸运，因为您遇到了我，我这里正好有没有大肠杆菌的冰。”

因纽特人：“哦，那太谢谢你了。”

这个案例非常经典地运用了“标签法”和“第三人需求开发”。推销员没有将冰直接推销给因纽特人，因为有没有大肠杆菌对因纽特人来说无所谓，对他们的小孩来说也可能是无所谓的。但这位推销员将“爱”推销给了因纽特人，他把“爱孩子”这个标签贴在因纽特人身上，并且用“要让孩子用质量好一点的东西”给爱孩子下了定义，从而完美地将冰推销出去。相信你理解这种方法之后，再设计将鞋子卖给非洲人的话术也会变得非常简单。这种“标签法+第三人需求开发”的组合在房地产销售中也是行之有效的，经纪人必须非常熟练地运用这种组合销售技巧。下面我们看看这种组合销售技巧在实际工作中的应用。

销售人员：“张爸爸您好，今天见到您真荣幸，之前张大哥一直提起您，您真是一位了不起的父亲，我要是有您这样的父亲就好了。”（张爸爸在儿子的邀请下一起来看房，他儿子之前看了一次，觉得不错，这次带爸爸来看，因为钱是爸爸出）

张爸爸：“没什么，做父亲的就是这样。”（得意地笑笑）

销售人员：“在我眼里您就是一位伟大的父亲，要是我爸爸也这样对我就太好了。”（激起张爸爸的父爱）

张爸爸不语，得意地笑了。

销售人员：“张爸爸，下次有空请您到我家做客，跟我爸爸也好好沟通一下，他一定会喜欢跟伟大的父亲交朋友的。”（再次强化“伟大的父亲”这个标签，让张爸爸不断自我确认）

张爸爸：“好啊。”（微笑着回答）

销售人员：“您看，张大哥喜欢什么您就给他买什么，从小到大都是这样，这样的好爸爸太难得了，您真的太伟大了。”（给“伟大的父亲”下定义，“伟大”就是儿子要什么，父亲就给他买什么）

张爸爸微笑不语。于是，销售人员不断介绍房子的优点，并说他儿子非常喜欢。

销售人员：“张爸爸，您看您儿子这么喜欢这套房子，您要不就再伟大一回，买给他算了。”

张爸爸：“好吧。”（销售人员多次用“伟大的父亲”这个标签将张爸爸抬到很高的高度，所以他如果不买，肯定会觉得面子上下不来）

第 26 章 牵着客户鼻子成交的第一售楼技巧

老师：“各位学员，在你们的日常生活中，吃鸡蛋比较多，还是吃鸭蛋比较多？”

学员：“吃鸡蛋比较多。”

老师：“那是鸡蛋比较大，还是鸭蛋比较大？”

学员：“当然是鸭蛋比较大。”

老师：“那是鸡蛋比较有营养，还是鸭蛋比较有营养？”

学员：“鸡蛋。”（也有人说鸭蛋）

老师：“据科学研究表明，两种蛋的营养价值差不多，那为什么你们吃鸡蛋比较多，吃鸭蛋比较少呢？”

学员：“鸡多。”（大笑）

老师：“在农村长大的人都知道，鸡是所有动物中最有推销天赋的动物，因为它们生下蛋后比较兴奋，鸡一旦兴奋就会叫，人们马上就知道鸡生了蛋，就拿来吃；而鸭子生完蛋不吭声，所以没有人知道它们生蛋了，吃鸭蛋的人当然也就少了。”

大多数学员微笑不语。

老师：“各位学员，你们希不希望业绩好？”

学员：“希望。”

老师：“希望业绩好，那你们要不要兴奋一点儿，你们现在够兴奋吗？”

学员：“兴奋。”

这是我在一次房地产销售课堂上与学员的互动游戏，这个游戏告诉我们，成交其实是“问”出来的。销售就是一场思路控制型游戏，如果我们被客户牵着鼻子走，是永远不会达成销售的。

例如，客户说我们推荐的房子价格太高，我们就总是依照客户的意思讨论房子价格高不高，这样永远都没有办法消除客户的抗拒；如果我们用提问的方式来回答客户，客户就必须回答，这样他们原来的思路就会被打断，就会被我们牵着鼻子走。这就好像你正跟某人吵架，你突然问对方：“中午吃饭了没有？”对方狠狠地说：“吃不吃饭关你什么事！”你立即回答：“关不关我事，问一下不行吗？到底吃了没有？”于是，两个人刚才争吵的内容已经被打断，争吵的主题变成了“对方有没有吃饭，关不关我事”。你这么提出问题，一下子就牵制了对方，控制了对方的争吵思路，这就是提问的妙处所在。

“提问成交法”又被称为“销售第一技巧”，一个人问问题水平的高低，直接决定他业绩的好坏，甚至决定他生活水平的高低。

一个优秀的房地产销售人员一定是非常善于提问的人，他们用提问来引导客户看楼，用提问来引导议价，用提问来引导客户决策。在日常工作中，一定要不断地训练自己的提问能力，即使在日常交谈中，也尽量用提问的方式与他人沟通。真正的沟通高手，一般每讲三句话最少有一句是问句。下面我们看一个巧用“提问”的房地产销售案例。

客户：“小刘，我跟你看楼都两个月了，一直把你当朋友看，不知你是否也把我当朋友看？”

经纪人：“吕大哥，我怎么会不把您当朋友看呢？您就是我的大哥啊。”

客户：“既然这样，那每次看完楼你总是让我下定，我在想啊，现在国家不断出台调控政策，楼价好像有下行趋势，你却催着我买楼，说句心里话，既然你当我是朋友，那我问你，现在买楼到底合不合适?”

经纪人：“吕大哥，您这个问题问到点子上了。这样，吕大哥，我先问您，您买这套房子是用来自住还是投资的?”（用反问句，把客户的思路转到自住或投资这个话题上，关心现在买楼合不合适的人一定是自住的，投资客一般比较专业，不可能问这个问题，经纪人这么问，其实就是要通过自住及投资的对比引导客户一步步向成交靠拢）

客户：“当然是自住，这年头谁还来投资房地产?”

经纪人：“所以呀，吕大哥，如果您是投资，我真的要劝您现在不要买房，因为楼价很不确定，但如果您是自住，我倒建议您尽快买房。”（通过“否定—肯定”来建立客户信赖感）

客户：“为什么这么说呢?”

经纪人：“吕大哥，我问您，十年前您买的房子现在是赚了还是亏了?”（经纪人不正面回答，继续用提问来引导客户的思路，经纪人要让客户自己说服自己，就必须用提问代替所有的解释）

客户：“当然是赚了，应该有两倍吧。”

经纪人：“这个当然，不过我想问您，这十年来广州的楼价有没有涨过，有没有跌过?”

客户：“当然涨过，也跌过，十年都一两个经济周期了。”

经纪人：“吕大哥，您说您买房是自住，怎么也得住上个五年、十年吧。”

客户：“当然。”

经纪人：“往后十年，广州的楼价还有上涨空间，也一定会有下跌空间，您说是吧?”

客户：“应该是这样。”

经纪人：“不管这十年如何上涨或下跌，您觉得整体来看，十年后广州的楼价与现在相比会是怎么样的呢?”

客户：“当然会比现在高啦。”

经纪人："所以说，吕大哥，您没有必要担心未来楼价的涨跌问题，买就是了，您说对吗?"

客户："万一下半年房价下跌，我趁低杀入，购入成本减少，到时不是赚得更多吗?"

经纪人："吕大哥，您说到关键点了，万一下半年楼价下跌，趁低杀入，确实可以赚得更多，也有很多人抱有这种想法。但是您想一下，如果下半年楼价真的下跌，当然这种可能性非常小，会有多少人杀入市场呢？到时，好一点的房子都被抢光了，您说是吧？万一买到的房子不适合居住，就算便宜了一两万元又有什么用呢？所以，为了不一定能省下的一两万元，买了一套让您住得不舒服的房子，是多么痛苦的事呀！更何况还要坚持十年，您能够忍受吗？现在买楼的人不多，您可以慢慢挑，直到挑到满意的房子为止，让自己舒舒服服地过上十年，难道不好吗?"

客户："听你这么一说我就明白了。"

经纪人："吕大哥，您说现在买房合不合适?"（利用反问让客户说服自己）

客户："非常合适。"

第 27 章 故事营销——击中客户需求痛点

相对于刚需客户，改善型客户的成交难度是比较大的，因为他们不缺住处，所以会长时间观望，不急于成交。那么，对于这类客户应该采取什么样的策略达成交易呢？

在销售中，很多销售人员喜欢跟客户讲一堆道理，企图说服客户接受他们的观点，从而实现销售。但是，人一旦形成了自己的看法，光是讲道理很难改变他们的观点，他们会找到各种极端的案例来证明你说的是错的。面对这样的客户我们应如何处理呢？一定要记住这样一个观点：“讲故事大于讲道理。”“道理”带有普遍性，客户很容易通过一两个极端案例推翻你的“道理”，而“故事”只是讲某件事或某个人，与客户找到的极端案例不冲突，但折射出的道理却又让客户无法反驳，从而达到说服的目的。

比如，当下很多客户担心楼价下行，认为现在买楼不太合适。所以，在跟进客户或带客户看楼的过程中，客户可能会问到这样一类问题：“小王，你跟我说句实话，目前这样的经济形势买楼合适吗？”如果你回答“一般来讲，还是合适的”，那客户肯定会想到“不一般的情况”，从而认定现在买楼不合适；如果你回答“合适”，客户可能会跟你说：“现在经济形势这么差，很多大型房企都暴雷了，某某房企又要爆了，还有房地产销售数据大幅下滑，肯定不适合买楼。”这就让我们陷入了“两难”境地，这个时候最有效的方法就是“讲故事”了。

你可以这样回答：“刘大哥，您问我现在买楼合不合适，说明您对楼市有深入了解，一般人很难问出这么深刻的问题（夸奖客户，让他降低防备）。说句实话，我真是回答不了您，不过，我倒是想起一个人——我表哥。2015年（或者说2008年，因为这些年份全国的楼价都在下行，这是大家都知道的）我表哥就想买楼，但是看到当时的行情，他就反复问我这种行情适不适合买楼，结果到昨晚还在问我这件事。其实，2015年他完全可以一次性付款买楼的，但现在也就能付个首付了。我还不敢多跟他说，说多了怕他难受。不过，说句实话，刘大哥，现在买楼合不合适，其实您心里比我清楚，您说是吧？”通过讲述自己表哥的类似遭遇，向客户证明现在适合买楼，让客户无法反驳，这就是销售中的“讲故事大于讲道理”。

在这个案例中，我们甚至可以将故事进一步深化。比如，今天刘先生带他太太一起来看楼，如果他问现在买楼合不合适，销售人员在讲完“表哥”的故事以后，他仍然无动于衷，那销售人员可以将“表哥”的故事升级。你可以这样说：“刘大哥，其实我们男人买不买楼无所谓，男儿四海为家，您说是吗？可就是让我表嫂跟着受苦了，2015年我表嫂就跟着我表哥四处漂泊，一直没有买房，几乎每年都要搬一次家，我表嫂说搬一次家她就要哭一次。像我表哥这样有能力买楼，却老想等着房价降了再买的人，让老婆、孩子跟着受苦，说实话挺不应该的，您说是吧？”以这样的方式从别的角度劝客户做决定。

在运用“讲故事大于讲道理”这个法则时，除了在销售跟进及带看过程中可以跟客户聊“故事”外，还可以通过微信朋友圈展示相关故事来引导客户，让客户的消费观念一点点发生转变。

利用故事营销来达成交易是一个非常有趣的方法，怪不得有营销大师认为，销售就是要学会讲故事，好的、贴切的故事能够让客户发生观念的转变，加速成交。使用故事营销要注意以下三个关键点：

第一，故事一定要与你要表达的主题有关，需要经纪人平时多阅读。

第二，故事营销要有互动，要学会调侃，当然前提是与客户保持良好的关系。

第三，可以借助与主题有关的新闻事件或故事来引导客户，这些新闻事件往往更具有时效性和说服力。

第28章 打好电话，为业绩插上翅膀

流利的口才与动听的声音是通往房地产销售冠军之路必不可少的一环，对你来说最有帮助的就是那部小小的手机。一旦你掌握了打电话的技巧，你的房地产销售就成功了一半。平庸的房地产销售人员认为打电话是一件很简单的事，从未想过去学习其中的沟通技巧；顶尖的房地产销售人员却非常注重通话中的沟通技巧，而且大多数情况下，他们都能在电话沟通后获得见面的机会。

1. 如何接听电话

（1）接听电话的时机

接听电话的时机也是一种心理战术，如果电话铃一响，你就接起电话，客户会认为你太在乎生意；如果电话响六声还不接，客户可能会挂电话。最佳的接听时机为电话铃响三声，如果是客户看到在广告上发布的热线电话打来的，一般响两声就可以接起，时间长了有可能错过一些电话。

（2）接听电话的声音

有句话说得非常好："电话一响，黄金万两。"所以，接听电话时，你的声调要略高一点，表现出非常兴奋的样子。不管你正在做什么事情，即使是处理棘手的问题，一旦接起电话，立刻就要调整心情，热情地向对方问好并自报家门。

（3）接电话时的等候

接电话时，有时故意让对方等上十几秒，会让对方觉得你生意繁忙，这也是刺激购买所进行的一种暗示。当然，这种“插曲”必须要在了解客户的心理后选取适当的时机才能尝试。优秀的房地产销售人员会找到最佳时机，让客户产生强烈的购买欲望，而不会让客户在电话另一边等到恼火。

（4）了解对方的名字

专业的房地产销售人员会这样与客户沟通，当拿起话筒时说“您好”且语气礼貌而亲切，然后告诉对方我是××公司的××，请问有什么可以帮到您，并报上公司名和自己的姓名，然后稍做停顿，给客户自报家门的机会。注意：这里不用停顿太久，客户想说会很快说出来的，如果感觉客户不太想说，可以用温柔而有亲和力的语调问：“我怎么称呼您?”或者说：“我能知道您的尊姓大名吗?”

（5）引导客户见面

因为房地产销售涉及的金额巨大，所以一般是不可能在电话中成交的。面对面的环境有利于推销，而电话交流则决定了客户有没有兴趣见你。一般来说，客户能够打电话咨询，说明他有一定的购买需求和兴趣，但是因为接听客户的电话时，你可能还不太了解客户的性格，所以说话一定要谨慎，不要轻易失去一个客户。销售人员可以用问题来回答客户的问题，这将有助于激起客户的好奇心，并有可能引导对方见面。

（6）电话约见

很多房地产销售人员都遇到过这样的情况，就是明明跟客户约好了见面的时间和地点，可是对方还是失约了。大多数情况都是客户忘记了这个约定，“好记性不如烂笔头”，我们可以将约定的时间、地点记录下来，见面之前用微信或电话提醒一下对方，或者也可以这样在电话里提醒客户：“请问您身边有没有笔，可以记一下时间、地点。”待对方跟你确认时，你再告之约定的时间、地点，这样，他们爽约的概率就会大幅下降。

2. 如何打电话

（1）问候

每个人都需要被尊重，而亲切的问候就是对别人最基本的尊重。因此，当你初次与客户打交道时，最好使用正式的称呼，以免客户对你有看法。

（2）介绍

当我们打出电话时，要用热情友善的音调介绍自己，然后再介绍公司。不要一上来就急于推销，要先取得客户的好感，建立信任。

（3）感激

客户是没有义务听你在电话里唠叨的，哪怕是一分钟，他们都会觉得你在浪费他们的时间。因此，打电话时要保持交谈的气氛，让客户觉得你说的话是由衷的，而不是客套话，你可以用“感谢您能与我交谈，我只需要两分钟”这样的语言做铺垫。

（4）目的

打电话时一定要向对方表达清楚你的目的是什么，否则，付出了时间和感情，对方却依然不知道你要干什么。

（5）了解客户的需求

打电话的过程中要想方设法多收集业主或客户的资料，以了解他们的需求。

（6）介绍你推荐房屋的优势

要为你推荐的房屋设计一个或几个有说服力的推荐理由，让客户渴望来看楼。

（7）约见

打电话约客户看楼时，如果客户同意，打完电话最好再发一条短信或微信，内容是路线图或定位；如果客户不同意看楼，就发一条感谢短信，加深客户对你的印象。

狠 篇

第 29 章 以柔克刚的同情心法则

有一年中考的议论文写作素材是关于“同情心”的典型论据——《爱因斯坦与画像》，具体是这样描述的：很多画家都想为爱因斯坦画一张像，但经常遭到拒绝，只有一位画家例外。

一天，这位画家来找爱因斯坦，请求为他画一张像。爱因斯坦回绝道：“不，不，我没有时间。”“但是，我非常需要把这幅画卖掉换钱。”画家恳切地说。“噢，原来是这样啊。”爱因斯坦马上改变了态度，说，“我当然可以坐下来让你画像。”

看完这则素材，你是否思考过这样一个问题：这位成功地让爱因斯坦为他画像的画家使用的最核心的方法是什么？其实，他用的就是我们经常听到的同情心法则。通俗地说，就是博取同情。同情心是指对某事（或某人）的觉察与同情感，同时也指这种感情的表露。比如，当我们看到电视剧中的人物处境艰难时，当我们听到生活中别人遭遇不幸时，往往会感到难过，甚至潸然泪下，情不自禁地想帮别人一把，即使这些人与我们非亲非故，素不相识。这就是人类的同情心，是人类富有感情的体现。这是同情心的基本含义和初级层面，人人都应该具有不同程度的同情心。但是，同情心的另外一面是一种才能，往往指能与他人情感共鸣的才能，而这种同情心不一定是悲伤。

那么，如何利用人类的这种特殊情感帮助我们达成销售目标呢？在生活中，人们往往对比自己强大的人有戒心，或是存在很强的竞争心理，而对境遇不如自己的人，则心怀同情，对他们少有戒备，更容易被他们的哀求打动，满足他们的要求。因此，恰如其分地展示一方的弱点（或难处），让另一方产生同情，会取得意想不到的效果。

我们不应该滥用同情心，但可以善用它，通过激发他人的同情心，为自身目标的实现服务。也许有人会说："我不需要别人的同情。"这是因为你自尊心强，不想通过博取别人的同情获得自己想要的东西，这没有错，是可以理解的。不过，他人的同情心也不是毒药或炸弹，正确看待它，你会得到很多意想不到的好处。

例如，我以前有个同事，他的一次成交经历就证明了同情心的作用。他的一位客户看上了一套房子，但这套房子的业主态度非常强硬，报价很高，无论我这个同事如何游说，就是不愿意降价，谈判陷入僵局。这时，我的同事在闲聊中不经意地透露了自己目前的状态，他父亲在医院躺了一个月了，他现在每天都在拼命带客户看楼，想多赚点钱来挽救父亲的生命。当业主听到这个消息后，立即让价成交，还去医院看望过我同事的父亲。后来，两人成了很好的朋友。

这是典型的善用同情心的例子，取得了意想不到的效果，但是同情心一定不能滥用，一切要在法律与道德的约束下进行，不要把同情心变成欺骗。下面我们看两个在二手楼销售中利用同情心化被动为主动的案例。

【案例1】签完三方约后，客户不愿意全额支付中介费，想先付一半，剩下一半过户后再付。

经纪人："刘先生，麻烦您这边交一下中介费，谢谢。"

客户："小王，这样，我现在先给你一半，剩下的一半等过完户再给。"

经纪人："刘先生，居间服务完成，我们要求是收取全额中介费的。"

客户："我现在给一半，过户后再给另一半，又不会少你一分钱，你不用急，就这么办。"

经纪人："刘先生，您说得非常对，您现在全额支付和现在付一半、过户后付一半对您来说的确是一样的，您不用多付一分钱，当然也不会少付一分钱，您说是吧？"

客户："是啊。"

经纪人："但是刘先生，这对我来说就不一样了。"

客户："有什么不一样？"

经纪人："刘先生，您帮我评评理，我们公司有这样的规定：每次签完三方约，如果不能收到全额中介费，公司就会认为是我们的服务不好造成的。根据规定，凡是服务不好的经纪人就要被罚款2000元，我的底薪才3000元啊。要不这样，刘先生，就算您帮我个忙，反正您也不会少付一分钱，请您现在就全付了吧。"

客户："哦，那好吧。"

【案例2】经纪人带客户看楼，就在业主家楼下，经纪人要求客户签《看房确认书》，客户不愿意签。

经纪人："张先生，请您帮我在这张《看房确认书》上签个名。"（提出要求）

客户："哦，这上面写的什么，'私下成交，需交5%的中介费'，这都是什么意思？"（客户对《看房确认书》上的条款特别敏感）

经纪人："哦，这是说万一有人跳过中介，私下跟业主成交，我们是要追究当事人责任的，本来是买卖双方承担的中介费都由当事人一方承担了。"（经纪人解释相关条款）

客户："那如果我到时不买楼，你们不会也要收我中介费吧？"（客户质疑）

经纪人："当然不会了。张先生，您肯定是个非常讲诚信的人，也不可能跳过我们私下跟业主成交，所以您不用在意这一条。"

客户："那是。"

经纪人："所以说嘛，您签了字，也不可能有任何责任的，对吧?"（继续鼓励客户签字）

客户："嗯，那我不签也不会有任何问题啊。"（客户突然决定不签了）

经纪人："您就算帮我一个忙，签一下吧。"

客户："不用签啦，难道你信不过我吗？我像那种不讲诚信的人吗?"

经纪人："当然不是啦，像您这么讲诚信的人，我怎么可能信不过呢?"

客户："所以说，那就不用签了。"

经纪人："张先生，您有所不知，看楼前要客户签《看房确认书》是我们公司的规定，如果我们带客户看楼时没签《看房确认书》，公司会认为我做事不规范，没有服务好客户，才导致客户不肯签《看房确认书》的，那样的话，我会被罚很多钱。"（经纪人把责任推向公司，因为客户的不作为，可能导致经纪人受罚，让客户过意不去）

客户沉默了一阵子。

经纪人："张先生，像您这么讲诚信的人，签和不签对于交易结果都没有什么影响，可是对我就不一样了，这样吧，今天您就帮帮我，等交易成功以后，我一定会好好感谢您的。"（经纪人继续要求客户签字）

客户："那好吧。"

第 30 章　售楼逆境中，反败为胜的不二法门

美国《福布斯》杂志人物评论专家托罗斯·利特曼认为：“每个人都希望自己成为胜者，但是常常在最关键的时刻无法从多项选择中找到最正确的那一项，所以遭遇失败。因此，能在一刹那之间做出正确的抉择，是一个人成大事必备的能力！”

在生活中，人们会因为各种各样的原因受挫，有些人会因此一蹶不振，对前景不抱任何希望，甚至自暴自弃，这是弱者的选择；相反，有些人会咬紧牙关，让自己的心态积极起来，重新制定目标，扭转不利的局面，这是强者的选择。其实，一个人在胜败之间的抉择是关系到其命运的大问题。每个人都遭受过失败，而且不止一次，那些从未遭受过失败的人，一定什么事都没做过，不做事固然不会失败，当然也不会有成功的体验。

在房地产销售中，我们总是全力以赴地服务客户，希望客户被我们的热情打动，被我们销售的楼盘征服，但往往事与愿违。无论我们的服务多么热情，楼盘的素质多么高，大部分客户是不会购买的，而是转向我们的竞争对手。以平均数来计算，我们每接待十位客户，可能会有一位在我们这里成交，另外九位中可能有两三位改变了主意，推迟了置业时间或以租赁代替了置业，还有两三位可能被竞争对手拉走了，剩下的可能转向其他区域置业。当我们付出了十分努力，却只收获了一分结果时，很多销售人员都是消极对待，将原因归咎于运气不好、销售技巧掌

握不够或是市场调控等，他们无法通过自我调整从消极情绪中抽离出来，也不能积极地面对失败。

每当客户说不买或在其他地方买了房子时，优秀的房地产销售人员总能让客户再转介绍其他客户，虽然这个客户短期内不会再买楼了，但销售人员却能因此获得更多客户。对于优秀的房地产销售人员来说，一个客户的离开意味着更多客户的到来。

下面这个案例很好地诠释了优秀的房地产销售人员是如何通过一位客户获得更多客户资源的。

售楼人员："唐先生，您好，今天上午有个业主放了一套骏丰花园的房子，我第一时间通知您，不知您明天上午或者下午是否方便过来看楼?"

客户："不好意思，我已经在家仲地产买楼了，昨天刚签约，已经付了首期款了。"

售楼人员："这么快啊，买的哪里的房子?"（售楼人员了解客户的具体购买信息）

客户："也是骏丰花园，A2栋706。"

售楼人员："哦，真替您高兴，终于买到适合自己的房子了。"

客户："谢谢。"

售楼人员："哦，对了，您能不能帮我一个忙？因为我入房地产这行没有多久，很多地方需要提升，我想知道一下，您最后没有在我这里买楼是不是因为我服务做得不好啊?"（事实上售楼人员服务做得非常好，之所以这样问，就是想让客户来否认）

客户："不不不……你做得非常好，我没有在你这里买楼是因为……"（售楼人员服务得非常好，客户却没有通过他买楼，客户心里一定会很内疚，之前设计的问话就是要达到这种效果）

售楼人员："那请问您能不能帮我了解一下，您还有同事要买楼吗?"（不要问有没有朋友要买楼，朋友的范围太大了，客户一时想不了那么周全，肯定会说没有，因此问话的范围越小越好，而且要不停地

问下去，问到他帮你找到其他客户为止）

客户："好像没有。"

售楼人员："那您的亲戚有人要买楼吗？"

客户："好像也没有。"

售楼人员："那大学同学呢？"

……

从上面的对话可以得出这样的结论：无论售楼人员服务做得多好，都不代表客户一定会在他这里买楼，客户在别的地方买楼是非常正常的事，关键是一旦客户在别人那里买楼了，售楼人员能从客户那里得到什么。如果想从客户口中得到其他购房客户的信息，需要把握以下三个关键点，这三个关键点没做好，就很难获得转介绍客户。

1. 带看楼过程中一定要做好服务

如果房地产销售人员日常服务做得不好，就很难得到客户的好感和信任，更不可能得到客户的转介绍。

2. 不要问客户我们哪里做得不好，要问是不是我的服务做得不够好

售楼人员问客户"您最后没有选择在我这里买楼，是不是因为我的服务做得不好"，其实是故意的，目的是让客户产生内疚感。如果售楼人员问客户"您最后没有选择在我这里买楼，是不是因为我们哪里做得不好"，那客户可能会说盘源不够、信息不及时、价格高等，反而你要向客户道歉了，完全得不到让客户内疚的效果了。

3. 要求客户转介绍时，要把转介绍人群缩小

要求客户转介绍时，不要问"您有没有朋友要买楼"，这个范围太大了，客户一时想不了那么周全，肯定会说没有。因此，问话的范围越小越好，而且要不停地问下去，问到他帮你找到其他客户为止。这里有一个前提，就是之前的发问一定要让客户感到内疚，这样他才会耐着性子听下去。

第31章　防范行家踩盘或撬盘的赞美法则

楚汉争霸时期有这样一则故事。一天，陈平不小心上了一艘贼船，当船划到江中时，陈平察觉到情况不对，但又不能说出来，因为一旦说出来就会被灭口。于是，陈平干脆脱下上衣，帮两个船夫划船。船夫看到陈平赤裸上身，丝毫看不出哪能藏钱，就打消了抢钱的念头，陈平也就转危为安了。

这里有两个关键点：一是经过陈平的细心观察，察觉到了两个船夫的异样；二是陈平脱去上衣，显出一副没钱的样子，打消了船夫抢劫的念头。在你的售楼工作中，是否也遇到过类似的情况呢？当然，我不是指有人来打劫你，而是指行家来踩盘或撬盘（二手楼交易中有很多撬盘的案例），他们劫走的不是财产，而是楼盘信息和业主资料（这一点仅指二手楼）。

在一手楼销售中，特别是新盘开盘时，行家踩盘的现象比比皆是。有人认为，在一个新盘开盘当天，来看盘的人中有50%都是同行，凭我多年的经验分析，这种说法并不夸张。对于房地产销售人员来说，时间是非常宝贵的，要有好的业绩，就必须有好的时间管理方法，如果把时间都花在了同行身上，不但影响自己的销售业绩，还把楼盘信息透露出去了。因此，房地产销售人员必须学习如何辨别同行踩盘以及如何摆脱同行踩盘的方法。

在二手楼销售中，同行一般不是来踩盘的，而是来撬盘的，很可能是你的竞争对手发现盘源不够，所以扮演买家来看楼，趁机撬走业主资料。这是二手楼销售人员惯用的一种撬盘手法，如果对手使用这种撬盘手法，一方面会浪费销售人员大量时间，另一方面会挖走客户资料。撬盘的手法多种多样，最普遍的就是扮演客户，到其他房地产中介公司寻找自己缺少的业务资源。我的同事曾经遇到过一件比较罕见的撬客事件。

有位“业主”打电话来放盘，经过了解之后，发现楼盘情况比较好，价格也比较合理。于是，我的那位同事就带客户去看楼了，接待她的是两位自称“业主”的小伙子。看完楼后，客户对那套房子比较认可，两位“业主”也将这些情况看在眼里，于是他们对我的同事说：“你这么远过来看楼不太方便，不如带你去配一套钥匙。”我的同事听到“业主”说可以配钥匙，当然很高兴了，可惜当时没有找到配钥匙的地方，只好相约下次看楼时“业主”把配好的钥匙给她。在这个过程中，两位“业主”中的一个人一直拉着客户聊天，并偷偷递给他一张名片，告诉他自己是××中介公司的，买楼可以直接找他。好在我的同事服务做得非常好，客户并没有转投其他中介公司。

无论是一手楼销售中的踩盘行为，还是二手楼销售中的撬盘行为，作为房地产销售人员都会经常遇到，这种踩盘行为或撬盘行为，一方面会浪费我们的时间，降低售楼生产力，另一方面也会泄露公司信息和客户资料，给公司造成直接或间接损失。因此，一个训练有素的房地产销售人员必须具备辨别踩盘和撬盘行为的能力，并迅速摆脱。

现在很多购房者越来越专业，他们会花大量时间看楼，研究楼盘，也会请有经验的买家做参谋，所以，凭直觉认定某位客户是同行并不可取，甚至会让你失去一些准买家或者给客户留下一个非常不专业的印象。因此，当你感觉某位客户像同行时，必须做进一步确认。

这里告诉大家一个非常有效的判断法则——赞美法则。绝大多数人都喜欢被别人肯定或赞美，明明知道别人是在奉承他，但还是爱听，这就是人的天性。所以，当你感觉某位客户像同行时，就可以用赞美法则验证自己的判断。记住：赞美要具体，建议用“专业”两个字进行赞美，最具有杀伤力。你可以这样说：“先生/小姐，我真的很佩服您，您这么专业，我做了好几年地产行业了，都没有您这么专业，有空得请您喝茶，教我几招。”

一般情况下，真正的买家听到这种肯定和赞美后会非常高兴，会表现出“谦虚”的态度，他可能会说“哪里哪里，我只是多看了几个楼盘而已”，或者说“我只是帮朋友多看了几个楼盘而已”，这时，你一定要抓住“多看”两个字，赶紧问他看过什么楼盘，对那些楼盘感觉如何，跟自己推荐的楼盘相比感觉怎么样等，要趁这个机会把竞争对手的情况摸一遍，了解客户对竞争对手的评价如何，再有针对性地介绍你的楼盘优势。

如果客户确实是同行，他听到你说他专业，会认为自己的踩盘或撬盘行为被识破了，会支支吾吾或者不出声，你再问他任何专业问题，他肯定装作不知道，这时，你基本可以肯定他是同行了。接下来要做的就是尽快摆脱他，你可以跟他说“这里有份楼书，要不您拿回去看看”，或者说“要不，您回去再考虑考虑”。然后，你要迅速调整状态，去接待新的客户，做更有生产力的事情。

第 32 章 让客户自己说“我一定要买”的痛苦成交法

病人：“医生，麻烦您帮我看一下，我是不是发烧了？”

医生：“你感觉哪里不舒服吗？”

病人：“昨天还没感觉，今天起来就觉得头昏昏的，还有点痛，嗓子又干又疼，可能昨晚空调太凉了，感觉发烧了。”

医生：“那你先量量体温吧。”

病人：“哦。”

5 分钟后，医生看了一下体温表。

医生：“哟，39.5 了，你这可是高烧了。”

病人：“啊？”

医生：“这样，你先验个血常规和尿常规，看看是什么原因导致的。”

病人：“医生，我只是昨晚着凉了，没必要查这些吧？”

医生：“最近一段时间禽流感流行，症状就是高烧，跟你这个很相似，我们只是想排除一下，如果你坚持不做检查我们也不勉强。”

病人：“哦，如果得了禽流感会怎么样？”

医生：“治疗及时，用药得当，是可以康复的，但是如果耽误了病情，也可能会引发其他疾病，甚至威胁生命。”

病人：“这样啊，那您快点开单子，我去检查一下吧。”

心理学上有一个“追求快乐、逃避痛苦”的心理法则，人类做决定大多基于这一法则。心理学家经过研究得出结论：人类更容易为“有可能”产生的痛苦埋单，上述案例就是一个非常好的证明。当一些可能发生（哪怕是万分之一的可能性）的痛苦摆在人们面前时，天性使人们想方设法地逃避这些痛苦。在房地产销售中，如果销售人员能让客户感觉到不立即购买或不立即做出某些决定可能产生的痛苦，那么他的销售业绩一定会大幅提升。

记得有一次，一位经纪人加了我的微信，跟我聊天。以下是我们俩的聊天记录，相信看完以后，对你说服客户会有启发。

经纪人：“邓老师，听说下个月您在广州有一天的销售课程。”

我：“是的，7 月 8 日，广州《夺单》。”

经纪人：“哦，多少钱啊？”

我：“原价 1280 元，目前我们走千人大课团购，每人 380 元。你是一个人来，还是带女朋友一起来？”

经纪人：“邓老师，上完课有没有效果？”

我：“肯定有效果。”

经纪人：“万一没效果呢？”

我：“万一有效果呢？”

销售中，客户经常会有这样那样的疑虑或担心，如何更好地打消他们的疑虑呢？那就要提出“万一出现相反情况，他们能够得到的好处”，并将这种好处放大，让他们明白失去的只是一小部分，得到的却多得多，这样更容易让他们做决定。比如，客户担心万一楼价下降了怎么办，销售人员则应鼓励他们“万一楼价上涨了怎么办”，强迫他们思考“楼价沉寂了这么久，万一出现报复性增长怎么办？”

使用痛苦成交法的几点注意事项：

(1) 塑造“有可能”产生的痛苦。对于客户不买、不做决定、不下定等产生的痛苦，一定要描述成“有可能”，不能描述成“一定”。一旦你说“一定”，客户就会举例证明你的描述有问题，说服他成交就会很艰难。

（2）要善于提问。

（3）要善于讲故事，举例证明痛苦产生的“可能性”很大。

第 33 章　如何利用数字促进成交

成语朝三暮四源于《庄子·齐物论》，讲的是宋国有一个养猴子的人，非常喜爱猴子。有一年碰上粮食歉收，养猴子的人对猴子说："现在粮食不够了，必须节约点吃，每天早上吃三颗橡子，晚上吃四颗，怎么样?"这群猴子听了非常生气，吵吵嚷嚷，意思是："太少了！怎么早上吃的还没晚上多?"养猴子的人连忙说："那就每天早上吃四颗，晚上吃三颗，怎么样?"猴子听了都高兴起来，觉得早上吃的比晚上多了，自己已经胜利了。

其实橡子的总数没有变，只是分配方式有所变化，猴子们就转怒为喜。这个故事告诉我们，数字里面蕴藏着许多玄机，哪怕是总数不变的情况下，仍有可能改变人们对事物的看法，甚至使人们产生截然不同的看法。

以一手楼开盘来讲，开发商一般会推出一些素质差一点的房子，通常是楼盘、朝向、位置、景观略逊，但是价格相对较低的，后面再推出一些素质好一点的房子，价格自然也会高一点。其实，从房地产评估的角度来看，房子根本没有涨价，只是后面推出的房子素质好一些，贵一些而已，但这样放盘会让购房者觉得房子在升值。相反，如果先推素质好的楼盘，再推素质差的楼盘，就会让购房者觉得房子在贬值。所以在市场不好的情况下，开发商也尽量不降价，取而代之的是减免物业管理费、送装修、送家电等优惠措施。采用这种暗降的方式，一方面能够吸引客户，另一方面也向人们传递楼盘价格坚挺的信号。

客户的砍价行为中也蕴藏着很多数字玄机，很多时候客户砍价并不仅仅是为了获得更低的价格，而是希望从中获得满足感。有人为了1块钱菜钱跟商贩争得唾沫横飞，也有人为了买每斤便宜5毛钱的米，特意坐公交车去大超市，也是同样的道理，在证明自己的砍价能力的同时，获得了精神上的认可。这就很好理解房地产销售过程中客户的砍价行为了，如果开价多少，就按多少成交的话，客户恐怕过不了自己心里这一关，也害怕被亲朋好友嘲笑。

了解人的这一天性后，房地产销售人员就要利用好这一点，让自己在开价、谈价过程中立于不败之地，主导整个谈判进程。

在一手楼销售中，价格上的优惠一般是以折扣的形式来体现的，所以在设定折扣时要分等级，销售人员、主管、经理、老板各个层级都有自己的折扣权限，在与客户谈价时绝对不能一下子放出最终折扣权限，要根据买家诉求的强烈程度，一步一步地放出折扣，让买家感觉你非常尽心尽力地为他争取折扣，从而获得他对你的信任。在放出折扣时，第一次放的幅度可以稍微大一些，之后可以多次小幅度放出折扣，让客户感觉到折扣确实已经到底了。

在二手楼销售中，价格是由业主决定的，出价则是由买家决定的，所以议价空间比较大，可运用的方法也很多，更考验经纪人与客户交流的能力。绝大多数二手楼业主都是以整数开价的，如200万元、150万元，也有的业主以小数结尾开价，如168.5万元、232.4万元。经验表明：以小数结尾开价更容易主导谈价过程。

例如，一套房子开价137.8万元，买家可以还价136万元，一般还价都是以整数来还的。如果谈价过程进行得比较艰难，买家可能会将价格提到137万元，把零头去掉；如果还是不行，可能会提到137.5万元，把小零头去掉。这是人们普遍的一种“去零心理”的体现。如果你的开价是143万元，买家一般会砍到140万元，把3万元零头去掉。但3万元的议价空间比较大，如果偏离业主底价，谈判的过程就会比较艰难。如果你以143.4万元开价，买家仍有可能还价140万元，但经过一番坚持后，他就有可能接受143万元这个去掉小零头的结果，这时，“万元”就变成了整数。当然，如果可以去掉一两个整数，买家就更开心了。

买家还价也是这样，还以143万元开价为例，买家还价140万元，但你可能与业主沟通后决定争取141万元成交，如果这样，买家就会不满意，继续以140万元为谈价目标进行还价，拖长整个成交时间，增加成交风险。如果你给买家还价后的第二次报价为141.3万元，一般买家会以141万元为谈价目标，要求把3000元零头去掉，而事实上业主已经同意了141万元。这样，你就可以掌控整个谈价节奏，又让买家感觉到你在不断地为他争取最大利益，增进他对你的信赖感。

如果以非整数开价，那141.1万元和141.9万元是否一样呢？理论上是一样的，都是141万多元。那是否开141.9万元会好些呢？因为，买家还价还有一个141.5万元的可能性，这样可以增加自己的议价空间。这里又存在一个人们对数字的感觉问题，一般人会觉得141.1万元更接近141万元，所以买家会视同你的开价就是141万元，而141.9万元更接近142万元，买家会视同你的开价是142万元，用141.9万元开价会让人感觉比141.1万元高了1万元。尾数为1~4时，会给人们零头的感觉；尾数为6~9时，则给人们接近大数的感觉。

第 34 章 如何利用二度谈价进一步打压底价

业主：“不好意思，昨天我先生回来，我跟他说了一下卖房子的事，他说那个价格太低了，因为房产证上是他的名字，所以我说了不算数，实在不好意思。”

客户：“不好意思，我家里人说那个价格太贵了，不值得，我也没办法，首期款还得靠家里人资助，所以他们的意见很重要啊。”

客户：“不好意思，我先生的朋友正好有套房子要卖，位置也在这套房子附近，但是价格便宜十几万，我得再比较一下。”

客户：“不好意思，昨晚我回去跟太太商量了一下，我太太说那个价格高了一点，我得再考虑考虑。”

你是不是经常在工作中听到以上这样的话？你是不是也遇到过业主或者买家明明已经答应以某个价格成交，却因为双方没有签订书面承诺，导致其中一方或两方反悔的情况呢？之前的谈价全部作废，你唯一可以做的就是进入第二次谈价。

二度谈价多出现在业主或者买家想改变之前已经谈好的价格时，这种行为确实有违道德准则，无论是书面协议，还是口头承诺，都应该尽力兑现。但是身处商业社会，人人都要追求自身利益最大化，反价后进行二度谈价，往往可以为自己争取更大的利益。如果双方没有签订书面协议，业主或买家找个借口反价是件非常容易的事，所以价格谈拢后尽可能要求双方签订书面协议，防止反价情况的发生。

一般来说，业主卖得高一点，或者买家用低一点的价格买到房子，对中介费的影响不是特别明显，经纪人的任务是尽快成交，特别是在市场竞争越来越激烈的今天，成交速度应该作为经纪人追求的第一准则。因此，经纪人在谈价过程中要争取主控谈价进程，速战速决，尽量不要进入二度谈价阶段。

当谈价过程陷入僵局时，可以通过一些技巧打破僵局，让议价继续。当遭遇第三者加入战局，有其他人与业主谈价，或买方看上其他房子时，你必须制造出一个二度谈价的局势，以延长谈价时间，寻找最佳议价时机。例如，当业主表示价格没得谈了，要跟其他中介公司签合同时，你可以让同事打电话给业主，告诉业主有客户能出更高的价格，但是客户出差了，要两天以后回来，希望业主能等一等。在这种情况下，其他中介公司的客户往往因为等不起而放弃，谈价又变成两方博弈的局面，业主的强势地位转弱，会担心再次失去买家而尽快将价格谈拢。同样，在买家准备在其他中介公司下定时，这一招也有可能让买家留下来，从而继续把这次谈价进行下去。

启用二度谈价一般会拉长谈价时间，如果控制不好，容易错失机会，所以不到万不得已，不要进入该阶段。首次进入谈价阶段时，一旦业主或者买家进行了口头承诺，就要立即签订书面协议，防止进入二度谈价阶段。

第 35 章　如何消除售楼竞争，让客户别无选择

这个世界上不是只有你推销的楼盘在售，也不是只有你一个人在做经纪人，所以你的楼盘素质和你提供的服务会不断受到来自各方的质疑，一不小心，你的客户就会对你说："我们还需要考虑考虑。"只有你推荐的楼盘比竞争对手更出色，你提供的服务比竞争对手的更优质，才能留住客户。因此，除了给客户塑造你所推荐的楼盘价值外，还必须分析竞争对手，以消除竞争。

绝大多数置业者都会货比三家后做出购买决定，二手楼置业者也会选择不同的中介公司进行比较，因此，房地产销售人员之间的竞争是不可避免的。作为专业的销售人员，我们不需要惧怕来自其他楼盘、其他公司的竞争，但我们需要做好应对竞争的准备，让客户感受到我们推荐的楼盘更有价值，更有吸引力，我们提供的服务更优质，更符合他们的需要。

为了有效地消除竞争，房地产销售人员必须做到以下几点：

1. 主动了解竞争情况

既然售楼竞争是不可避免的，那我们就没有必要回避。在你带客户看完楼并介绍完楼盘后，要尽快提出问题，以了解竞争情况，可以询问客户是否看过其他楼盘、是否在其他中介公司看过楼、是否考虑其他楼盘或其他中介公司推荐的房屋等，并根据客户的回答进一步提问，以便

准确了解此次交易的竞争情况。

很多销售人员不敢提这样的问题，他们觉得这样一说等于告诉客户还有其他选择。试想：如果你不说，客户就不知道还有其他楼盘可以选择吗？客户不会自己去选择吗？对这些销售人员而言，客户最好是大傻瓜，根本不知道还有其他楼盘可以选择，这可能吗？所以，一味地回避这种根本不可能避免的竞争，会让客户感觉你对自己推荐的楼盘不够自信，而且客户从你这里没有得到各个楼盘情况的对比分析，孰优孰劣无从知晓，很可能会选择先去看看其他楼盘，这反而会对你的售楼工作制造很大阻力。主动询问客户是否考虑其他楼盘并为客户进行对比分析，既体现了你对同类型楼盘的了解和自己的专业，同时也表明你对自己的楼盘是完全自信的，对客户是坦诚的，这是非常有效地消除竞争的方法。

面对售楼竞争，专业的售楼态度不是回避，而是主动了解竞争情况并向客户讲解竞争情况。

2. 针对客户需求，塑造楼盘价值

我们推销的任何楼盘都有可能受到对手的强劲冲击，因为每个楼盘都不是完美的，总有一些楼盘比你推荐的楼盘档次更高、素质更好或价格更低，如果客户拿这些楼盘与你推荐的楼盘比较，好的销售人员会扬长避短，尽可能针对客户的需求点塑造所推荐楼盘的价值，用楼盘优势去满足客户需求。

如果在你消除售楼竞争前客户已经在考虑其他楼盘了，你也不必惊慌，可以这样对客户说："您能如此慎重地对待这件事情我很高兴，接下来，我会用很短的时间将各楼盘的特点进行比较，这样一来，您就可以看出为什么我们的楼盘更好些，更符合您的实际需要了，同时，也就理解价格高的原因了。"

当你的楼盘比竞争楼盘稍贵一些时，不妨先把它说出来，如果等到最后再说，就相当于给了客户说"我们先看看其他楼盘"的机会。一开始就提出来，可以让客户在听你介绍楼盘特点的过程中，一步步接受稍贵的价格，如果最后才说出来，对于楼盘的很多细节客户可能已经记不起来了，而对于稍贵的价格则记忆犹新。

此外，在消除售楼竞争的过程中，还可以利用适当的提问，突出楼盘的附加价值。例如，对于一个购买后可以获得名校入学名额的楼盘，可以这样向客户提问："您认为让自己的子女有一个更好的学习环境，与一群优秀的孩子共同成长，这值多少钱呢?"通过这样的提问就能有效冲击其他楼盘在价格上的竞争优势。

3. 不要批评竞争对手

千万不要说竞争对手的坏话，尤其不能恶意攻击，很可能客户在跟你见面之前已经对竞争楼盘进行了多次比较，对各个楼盘的情况有了相当程度的认识，而你对竞争对手的每一句评论都可能在客户心中留下深刻的印象。如果你一味地批评竞争对手，客户很可能认为你是一个虚伪、不诚实的人，谁愿意与一个虚伪、不诚实的售楼人员打交道呢?

同时，你必须对竞争楼盘有相当程度的了解，只有这样，在与竞争楼盘做比较时，才能让客户感觉到你的专业性，才能有效地针对竞争楼盘的各种特点突出自己楼盘的优势以及能带给客户的各种利益。

第36章　让客户言听计从的从众成交法

心理学家阿希做过一个经典的心理学实验，请一些大学生自愿作为被试者，并告诉他们这个实验的目的是研究人的视觉情况。当某个志愿者走进实验室时，他发现已经有5个人坐在那里了，他只能坐在第6个位置上。事实上，他并不知道，其他5个人是与阿希串通好的“托儿”。

阿希要求大家做一个非常容易的判断——比较线段的长度。他拿出画有一条线段的卡片，让大家判断这条线段和另一张卡片上的3条线段哪一条等长，这种判断一共进行了18次。事实上，这些线段的长短差异很明显，正常人是很容易做出正确判断的。

前几次判断大家都做出了正确选择，从第7次判断开始，“托儿”故意做出错误选择，阿希开始观察真正的被试者的选择是独立还是从众。面对这一实验情境，真正的被试者在做出反应前需要考虑以下三个问题：是自己的眼睛有问题，还是别人的眼睛有问题？是相信多数人的判断，还是相信自己的判断？在确信多数人的判断是错误时，能否坚持自己的独立判断？

阿希于1951年首次进行了此项实验，并于1956年、1958年又多次重复这项实验，结果发现，不同的人有不同程度的从众倾向，33%的人的判断是从众的，76%的人至少做了一次从众判断，在正常情况下，人们进行错误判断的可能性不到1%，当然，还有24%的人一直没有从众，他们按照自己的正确判断来作答。一般认为，女性的从众倾向要高于男性，但从实验结果来看，并没有显著差异。

所谓从众，是指个体受到群体的影响而怀疑、改变自己的观点、判断和行为等，以和他人保持一致。阿希实验就是研究人们会在多大程度上受到他人的影响，而违心地做出明显错误的选择。其实，从众是一种比较普遍的心理现象，当一场演出结束时，前排的观众起立鼓掌，其他人也会跟着起立鼓掌，给予礼节性的喝彩。在这种情况下，如果一个人独自坐着，成为与众不同者真的太难了，因为他会承受非常大的压力。

有一个人快步在路上走着，突然想起与情人的约会已经快到时间了，于是立即跑了起来。这时，另一个人也跑了起来，他可能是个兴致勃勃的报童。之后，一个有急事的胖胖的绅士也小跑起来……十分钟之内，这条路上的所有人都跑了起来。嘈杂的叫喊声逐渐清晰，“决堤了！”这恐怖的叫喊声可能是电车上的一位老妇人发出的，或许是一个交警发出的，也可能是一个男孩子发出的，但没有人能够确定是谁发出的，也没有人知道到底发生了什么事。“向东去，东边远离大河，东边安全，向东去，向东去。”人群中又发出这样的叫喊。

看来，从众心理对人的影响确实很大。在房地产销售中，销售人员如果能利用好从众心理，也可以让购房者疯狂起来。

1. 销售人员团队配合，让对方从众

在二手楼谈价中，一般不让买卖双方一起谈价，但是如果在经纪人多次努力之后，仍然无法撮合双方时，一般会把买卖双方约到一起进行最后的谈判。在这种谈判中，房地产中介公司最好派出三名以上的经纪人，但真正在买卖双方之间周旋的只要有一位老练的经纪人就可以了，另外两位经纪人除了帮忙端茶倒水以外，还有一项非常重要的任务，就是配合主谈经纪人谈价。当主谈经纪人提出相关建议时，要面带微笑，不断地朝他点头附和，对主谈经纪人的建议表示赞同；当主谈经纪人朝业主或买方不断点头时，这两位经纪人也要不断朝业主或买方微笑点

头，这样做会让业主或买方产生从众心理，跟着经纪人一起微笑、点头，以此种方式让业主或买方在潜意识里表现出同意的态度，在这种情况下，经纪人说服他们的可能性就大多了。

2. 多人带看，制造成交氛围

最好的成交氛围就是“僧多粥少”，每次带客户看楼时，可多约一些客户一起去，甚至可以约非常熟悉的客户，因为他们比较容易配合经纪人，在经纪人介绍房子的优点时，他们点头附和，赞同的态度会影响客户，打消客户的犹豫不决，促使他们立即做出购买决策。

3. 约客户集中签约

很多一手楼盘销售时，都会进行较长时间的“储客”，在开盘当天，让之前已经下定金的客户集中来签约，制造旺销场面，从而带动一大批客户现场做出购买决定。有的房地产中介公司会设立签约中心，让各门店的客户都集中到该中心签约，让客户感到这家公司业务的火爆，从而减少客户在签约过程中的各种抗拒。

第 37 章　匪夷所思的第三人需求成交法

讲师："我这里有三只活蹦乱跳的蟑螂，如果你能当场吃下去，每只奖励 10 元，你吃还是不吃？"

学员："不吃。"

讲师："如果每只奖励 100 元，一共 300 元，你吃不吃？"

学员："不吃。"

讲师："如果每只奖励 1000 元呢？"

学员："不吃。"

讲师："那 10000 元呢？"

学员："如果每只奖励 100 万元，我就吃。"（有学员抢着回答，全场大笑）

讲师："其实，我抓这三只蟑螂非常不容易，我觉得每只奖励 10 元已经很高了，我今天不想花 1 分钱，还能让你们心甘情愿地把它们全部吃下去，你们信不信？"

学员："不信。"（都露出疑惑的神情）

讲师："如果我把你们的亲人捆在椅子上，在椅子上方吊一块 1 吨重的石头，如果你吃下这 3 只蟑螂，我就把椅子移开；如果你不吃，我就割断绳子。在这种情况下，你吃还是不吃呢？"

学员："当然要吃。"（学员异口同声回答）

这段对话发生在一堂培训课的互动游戏中。生活中我们经常看到这样的现象：很多人对自己非常苛刻，但对父母和子女却非常大方，这就是亲情的力量，难怪上述对话中，一旦吃蟑螂是为了救自己的亲人，学员们立即同意，但是如果椅子上绑的是自己，可能有人宁死也不会屈服。这种现象在心理学上被称为第三人情感需求，人类出于情感需要，很容易为自己的亲人及所爱的人付出，这也就不难解释为什么很多热恋中的男女愿意为了对方而不顾一切了。

我们在向客户介绍房子的好处时，如果能把这些好处介绍成对客户亲人的好处，那么说服效果会好很多。例如，我们经常被问到这样一个问题：客户自己在城市东边工作，他太太在城市西边工作，如果要给他们介绍房子，优选城市哪一边的呢？很多销售人员会回答："介绍城市中心位置的房子。"但事实是，如果你跟男性客户说："先生，您就买套太太单位旁边的房子吧，太太不容易，要接孩子放学，还要做晚饭、收拾家务，房子买在她单位旁边能减少她奔波的辛苦，但是这样一来您上下班就远了，不过一回到家，饭菜都做好了，家务也收拾好了，这不是也很好吗？"这样的建议是不是更容易让客户接受呢？所以，当遇到夫妻双方都要上班的家庭买房时，一定要建议买在离其中一个人单位较近的地方，或者是离孩子学校较近的地方，这会让客户觉得销售人员真的在为他们着想。

在房地产销售中，如何更有效地利用第三人情感需求为客户服务呢？掌握下面两个关键点非常重要：

1. 把买楼的好处或不买的痛苦转移到决策人亲人身上

就像上述案例中讲的，从为太太着想的角度推荐楼盘的优势更容易让客户做决策。孟母三迁的故事大家都听过，大多数人都会像孟母一样，为了自己的亲人和爱人埋单。

2. 看楼时照顾好客户身边的人

即使客户就是决策人，他做决策时也会请家人或朋友参谋，以便更加周全地考虑问题。这种情况下，我们一定要照顾好这些参谋，因为他们的意见很容易让你功亏一篑。有句话说得非常好：“投其所好，不如投其周边人所好。”要与客户身边的人搞好关系，以减少销售阻力。

第38章　让对手陷入瘫痪的排他竞争术

现代战争，开战就是决战，所以在开战前双方就已经展开各种隐性攻击了，目的是让对手的一切进攻性武器及各种防御设施彻底被摧毁，丧失进攻和防御能力。美军攻打伊拉克时就是这样，他们利用强劲的海陆空远程火力对巴格达进行轰炸，让伊拉克的军事设施、进攻及防御武器彻底被摧毁，电力、交通、通信中断，整个城市处于瘫痪状态。伊拉克共和国卫队无法有效地组织进攻和防御，被迅速击败。

市场营销的最高境界就是把竞争对手甩开，让客户离不开你，不得不与你做生意，我的一位朋友使用的方法让人拍案叫绝。

我这位朋友的叔叔开了一家比较大的工厂，采购成本居高不下，于是他请侄子来负责整个工厂的采购。新官上任三把火，我这位朋友上任的第一把火就是组织所有采购部的同事开会，告诉大家不得参加供应商组织的饭局，不得收受供应商赠送的礼品，并且自己带头做到。在之后的一次聚会中，这位仁兄认识了一位心理学教授，闲聊中他提及此事，心理学教授告诉他：“你要求手下这么做是对的，但因为你与叔叔的关系，不能做不利于你叔叔的事，如果有供应商请你吃饭，你应该猛吃；有供应商送礼，你应该猛拿。”该仁兄大惑不解，心理学教授解释说：“你吃完饭、拿完礼后，只要照样猛砍价就对了。假如有一个供应商向你推荐一批1000万元的材料，他事前请你吃饭、送礼花了5万元，这批材料按正常买卖能赚取 50 万元利润，这时你要拼命压价，哪怕压到只有 10 万元利润他也会跟你做生意。一般来说，利润被压到这么低，就不会有人做这个生意了，但是因为对方事前请你吃饭、送礼花了 5 万元，他要把这 5 万元赚回来，就必须跟你做生意，所以你只需要猛吃、猛喝、猛拿、猛砍价就行了。”后来，这位仁兄按心理学教授的建议去做了，果然把他叔叔工厂的采购成本降低了 30%。

在房地产销售中，很容易在公司之间、楼盘之间产生各种竞争，客户争夺战和业主争夺战更是比比皆是，能否有效地把控客户和业主，将成为从竞争中脱颖而出的关键因素，客户和业主的把控也是最直接的排他竞争技巧。

例如，在业主把控上，经纪人通常会签独家代理来排除竞争，但经纪人很难说服业主签订独家委托，即使签订了独家委托，对业主的约束力也是有限的，业主可以随时取消委托。现在有不少房地产中介公司与业主签订《限时销售协议》，给业主一定的保证金，保证在一定时间内按一定价格帮业主把房子卖出去。这种限时销售方式对排除竞争、有效把控业主起到了非常重要的作用，值得尝试并推广。

除了“独家代理”“限时销售”这两个非常有效的排他竞争方法之外，我们也可以从以下一些案例中寻找排他竞争的方法。

案例 1：在个人盘源区以业主身份宣传盘源，让客户在比较中选择自己

很多房地产网站都有一个个人盘源区，业主可以直接把自己的房子放到网上，不通过中介自己销售。个人盘源区一般是点击量最大的一个区域，点击这些盘源信息的有买家（买家也希望节省中介费），也有经纪人（说服业主委托他们销售）。

我有一个做经纪人的朋友把自己收到的钥匙盘以业主身份放到该区域，留了一个自己不常用的电话号码，每次有客户打电话来，他就说我很忙，最近在出差，如果你要看房子就到××中介的××那里去拿钥匙，

看完后如果喜欢再跟我谈。当然，这个××中介的××就是经纪人自己，每次有客户来找他拿钥匙，他都会热情地接待，并带他们去看房子。在这个过程中，他会推销其他房子给客户，如果客户不喜欢他推销的房子也不要紧，他已经得到了客户的联系方式，可以随时联系，继续跟进。如果客户喜欢上了个人盘源区的房子，就会打电话给“业主”，“业主”就会涨价，并坚持不愿意降价。这时，中介公司就会跟客户说我们来帮你谈价，能谈到一个较低的价格。客户通常也是精明人，如果在中介公司买房子的价格加上中介费低于“业主”开价，很多客户也就接受了。

案例2：以“真业主”身份屏蔽真正的业主

有一次，我在东莞讲课，有位经纪人讲了他自己的经历。他说他在网站的个人盘源区看到一套价值1500万元的别墅，跟进中“业主”怎么也不愿意降价，过了四天，还是在这个网站的个人盘源区看到这套别墅重新登记宣传，标价是1400万元。于是，他打电话给“业主”，“业主”说四天前的信息是他侄子放的，本来想委托他侄子处理这套别墅，但是发现他侄子想吃差价，就取消了对他侄子的委托，由自己来销售。“业主”告诉经纪人，这套别墅是毛坯房，如果有客户看房，直接带过去就行，看好了再谈价钱。

这位经纪人刚好有一位客户看上了这套房子，1400万元的价格也接受了，就准备约“业主”签约，可“业主”却称自己在国外，一个月后才回来，让经纪人等他，他也不委托任何亲朋好友帮他收定。事情就僵持在了这里，经纪人问我该怎么办？

我敏锐地意识到，这位“业主”可能是中介公司，他只不过是用各种借口来拖延时间，自己却暗中不断地带客户看楼，与真正的“业主”谈价成交，把其他中介公司排除在外。于是，我建议这位经纪人回去后立即打电话给“业主”，称自己有个客户愿意出到1700万元，但只给三天时间，三天过后就不再考虑了，看“业主”出不出来收定，如果“业主”还不出来收定或不委托任何人来对接，那一定就是中介公司了。另外，就是再打电话联系一下第一次出现的那位坚持要1500万元的“业主”。后来，这位经纪人打电话告诉我，那位“业主”果真是中介公司的人。

第39章　成交签约时，如何有效防范行家干扰

有一次，我的一位客户喜欢上了我推荐的一套房子，经过几轮谈价，最后达成了交易条件。于是，我约了客户和业主来门店签约。一进门店，双方都非常高兴，彼此对对方的印象也不错，我觉得这次成交十拿九稳了。我拉开椅子，招呼大家坐下来，然后赶忙去倒茶水。

就在这时，业主的手机响了，业主边听边说："真的吗？"但是神情也有了微妙的变化，有点得意，又有点为难。挂了电话，业主就说家里出了急事，要先走，签约的事情要推后，然后给大家道了歉，就匆匆忙忙走了。当天晚上，我再打电话给业主时，他就不接我电话了。后来，我委托在其他房地产中介公司工作的朋友给他打电话说有客户想看房子，他说已经有客户看上了他的房子，暂时不要看楼了。

房地产中介是竞争非常激烈的行业，在其他行业，只要能搞定客户，产品供应总是会有的；房地产中介则不然，好不容易把价格谈拢，业主却被别的中介公司抢走了，一切努力化为乌有，一切都得从头来过。所以，在多家中介公司争抢一个业主或客户时，就要求经纪人利用自身深厚的销售功底和高超的成交技艺脱颖而出。那么，如何有效防范行家干扰呢？

1. 不约客户到中介门店集中的地方签约

地产街指的是房地产中介门店集中的地方。由于中介门店有集群效

应，在地段较好或是能覆盖几个大中型小区的地方，只要有一家中介门店开业，其他中介门店就会接二连三地杀到这里，一起争夺这里的市场。

地产街的竞争异常激烈，各类撬客事件时有发生。有时，一些中介门店并不一定真有客户，但他们也不愿意看到自己的盘源被其他门店成交，于是，他们会打电话给业主，称自己有客户可以出高价，让业主不要在其他门店成交。当然，你的客户通常也会委托其他中介门店，有时整条街的中介门店可能都会接到同一客户的委托。鉴于这种情况时有发生，如果中介门店开在地产街，一般就约客户到茶楼或快餐店等场所签约。

图 39-1　地产街 a

图 39-2　地产街 b

注：图片来自网络。

2. 到业主家里签约

一般情况下，经纪人是不会主动到业主家里签约的，但也有某些特殊情况，经纪人只能到业主家里谈判，待条件成熟，立即约买家到业主家里签约。到业主家里签约最大的风险可能是家里人员太多，七嘴八舌，容易搅黄交易；或者有小孩打闹，使谈判中断。因此，去业主家之前，一定要做好调查了解，若有上述情况，可以多派几名经纪人一起去，与家里其他人交谈，或是陪小孩玩，让他们不要参与或扰乱谈判，确保谈判顺利进行。

3. 购置手机信号屏蔽器

很多学校为了不让考生作弊，往往会购置一些手机信号屏蔽器，效果非常好。在信号覆盖范围内，手机没有信号。一些企业或机关在培训和开会时，为了保证培训效果，也会使用手机信号屏蔽器，让学员或员工在培训或开会期间无法与外界联系，以达到“不分神”的目的。

在房地产交易谈判进程中，也经常有人使用手机信号屏蔽器，以达到排除干扰的目的。如果你所在的门店经常受到行家的干扰，你也可以使用手机信号屏蔽器，当业主及买家来到门店时，就可以打开手机信号屏蔽器，让行家无法打电话过来骚扰业主。

第 40 章 有效应对“跳单”的方法

客户“跳单”在房地产中介门店时有发生，可以说，没有任何一家中介公司没有遇到过“跳单”，“跳单”一直是让房地产中介公司非常头疼的问题。就像经营超市必须把偷窃成本计入超市经营成本并控制在一定比例内一样，“跳单”也被计入房地产中介公司的经营成本。

“跳单”又被称为“逃佣”“跳佣”，指的是二手楼交易双方委托（以书面或口头的形式）房地产中介公司代为寻找适合自己的房子或买家，但在中介公司介绍成功之后却越过中介公司私下成交以逃避缴纳中介费的行为。“跳单”一方面是在考验人的诚信，另一方面也能够检验经纪人到底提供了多少服务，是否得到了客户认同。

很多年前发生的“跳单门”事件曾轰动一时，某大学教授（签合同的是其夫人，只因为这位教授的名气大，所以被当作主角了）的“跳单”行为毋庸置疑，因为买卖双方是通过中介公司的介绍才认识的，并且其夫人也在《看房确认书》《房地产求购委托书》等文件上签字了，这都证明他们享受了中介提供的服务，而且从事后媒体的报道中也能看到，这位教授和房东对于这一点都没有否认。唯一让人们感到意外的是，双方都没有选择通过法律途径来解决问题。与此同时，公众对这个事件的态度也让业内人士看到了大家对房地产中介服务的认同。

作为房地产经纪人，必须用最好的服务打动客户，当然，更要防范客户的恶意“跳单”。房地产中介本身并非暴利行业，甚至可以说是微利行业，无论是店租、人工成本，还是广告成本，很可能要多笔成交才能赚出来。所以一旦发生“跳单”行为，很少有不掉眼泪的经纪人，因为为了成交，他们付出的辛苦是难以想象的，况且他们那么信任自己的客户，到头来却被客户一“跳”了之。

为了避免“跳单”行为的发生，经纪人可以从以下环节入手防范：

（1）无论是电话放盘，还是上门放盘，看楼前要想方设法让业主签订委托书。

（2）上楼看房前让客户签订《带看确认书》。

（3）如果是业主自住的房子，看房前要告诉买家，业主是自己或店长、老板、其他员工的熟人。

（4）看楼过程中始终站在客户与业主中间，不让他们有交流的机会，避免握手递纸条等行为的发生。

（5）看楼过程中，当话题涉及业主工作、生活时，要立即打断或巧妙回避。例如，客户说：“这位先生好像在哪见过，您是做哪个行业的？在哪上班？”只要业主回答了这个问题，客户就很可能去他办公的地方找到他。

（6）看楼过程中，如果客户或业主向对方递名片，可以顺势接过名片，帮当事人保管，不要不允许双方互换名片认识，这样会让对方反感。

（7）一般情况下要两个经纪人一起带看楼，一个人先到业主家，检查一下业主是否在屋内放了纸条，当然主要目的是收拾一下房间，让房子有一个好的“卖相”。

（8）看完楼送走客户，最好在楼下待10～15分钟，防范客户回头找业主。

（9）做好带看过程中的服务，让业主及客户感觉到你的热情和付出，从而不好意思跳单。

（10）与业主及客户拉关系，让双方都不好意思跳单。

（11）通过聊天、讲故事等形式，让客户了解跳单的危害。

（12）多与业主及客户沟通，多聊一些经纪人工作艰苦的话题，让双方正确认识这个行业，提升对经纪人工作的认同感。

第41章 拍桌子成交法你敢用吗

有一次，一个包工头委托我的公司卖14套房子（这14套房子是开发商抵工程款的抵债房），包工头委托他的一位助手（这位助手有所有合法文件，包括公证处已经公证了的委托书）来我公司办理相关手续。

我的一位林姓下属接待了一位张姓客户，这位张姓客户前前后后看了两个月，最后只剩下1套房子的时候他着急了，不得不同意了当时的价格，赶紧下了诚意金。签合同那天，他带了妻子和刚从外地赶来的父母一行四人来到我们公司。虽然价格之前已经谈妥，业主的房产证没有问题，委托书等也没有问题，但是签约从早上10点开始，一直到下午1点仍没有结果，主要是因为客户的爸爸要求业主先把房产证过户到他儿子名下，然后再付款。这显然违背了交易常规，没有哪位业主愿意把产权过户到别人名下再开始收钱。面对这个问题，无论经纪人小林如何解释，客户的爸爸就是不肯让步，并说自己的朋友上个月买房就是这样操作的。

我正准备出去吃午饭时，被满头大汗的小林叫住，了解情况后我得知，买房的决策人是客户张先生，张爸爸只是参谋（一般参谋的声音是比较大的），于是我低声跟小林简单说了一下策略。与此同时，我跟张爸爸解释了一般的交易规则以及房管局的要求，可我的话才说到一半时，张爸爸就急了，说我讲的话跟小林讲的一模一样，情急之下，他用手不停地拍着桌子并强调他朋友上个月买楼是怎样操作的。我正准备说下去的时候，小林上前一步，使劲拍了一下桌子，大声说："不卖了，哪有这样卖楼的?"话一说完，顿时整个门店安静得连地上掉根针都听得见，张爸爸可能没想到经纪人还会拍桌子，吓得退了一步。这时，我赶紧大喝一声："小林，你怎么能对客人这么没礼貌，你被开除了，你出去。"然后，我赶忙转头跟客户张先生说："张大哥，不好意思，年轻人不懂事，您不要见怪，我向您道歉，这样，我中午请你们吃饭，小林我现在就开除他。"我继续若无其事地解释常规市场交易规则，张先生却说："我知道，在哪里签字?"就这样这套房子成交了，没想到客户还替小林求情。其实，这是我早就跟小林商量好的黑脸白脸谈判策略。

黑脸白脸谈判策略是最有名的谈判策略之一，也是谈判中很常用的一种技巧。它是指谈判一方中的一人扮演和对手对立且不友好、有强硬要求的角色；另一人扮演友好的、可以和对方心平气和谈判的角色，能够通过给对方施加心理压力获得满意的结果。在谈判中，对方可能会告诉你他很想和你做成这笔生意，但是老板不满意，老板认为你们的报价太高了，有人出价比你们低，除非你们把价格再下调5%，否则你们可能就没希望了。你以为这位客户和你站到了一个阵营里？错了，他和他的老板只是在使用黑脸白脸谈判策略而已。

这种策略运用得相对广泛，在很多老套的警匪片中经常能看到这种策略。一名犯罪嫌疑人被带到警察局，第一个出场的警察通常是一个看起来很凶的家伙，他使用各种办法威胁犯罪嫌疑人，告诉他如果不合作，就对他不客气了。过了一会儿，这位警察突然被一个神秘电话叫走了，第二个警察出现了，他简直是这个世界上最温和、最善良的人。他一边递烟给犯罪嫌疑人，一边说："听着孩子，情况并没有那么糟，我很喜欢你，我知道你现在的处境非常艰难，为什么不让我来帮你呢？看看我能为你做些什么。"他看似在问一些并不重要的问题，可事实上他在一步步进入犯罪嫌疑人的内心，直到犯罪嫌疑人说出藏尸地点。

那么，在房地产销售中如何有效地运用黑脸白脸谈判策略呢？

1. 欲扬先抑，欲取先予

在回价议价时，如果客户回价了，经纪人就要代表客户去跟业主谈价，然后将结果反馈给客户。反馈结果时，你可以这样跟客户说："业主本人倒是没有太大意见，可他太太不同意，觉得你的还价太低了，不想把房子卖给你（一般客户愿意还价，当然是对房子有意向，听到对方不想卖给他，肯定会有失落感）。不过，业主对你的印象还是挺好的，希望跟你成交，明天我再约他们出来谈一谈，你千万注意，不要惹他太太生气，否则就无法成交了。"这样，第二天双方一起谈判时，客户一定会非常小心，不敢乱砍价。

2. 事先商议，两人配合

如果是两人同行去谈价，就可以使用黑脸白脸谈价策略，临场话术可事前商议，但临场发挥也很重要。只要黑脸表现强势，提出一些不可能达成的要求，愤然离场，而白脸表示和对方友好商谈，看起来站在对方的角度上就可以。这里最关键的一点在于黑脸表现完，白脸如何自然过渡，白脸可以说："他就是这么一人，其实我很同意您的说法，只要价格合适，双方都能接受就行，您回一个实在价给他，我们好去谈。"

3. 如何破解客户或业主使用黑脸白脸谈价策略

很关键的一点是你一定要能够发现对方在使用此策略。当对方是两个人（如夫妻）时，你就要提高警惕了，因为对方有可能使用此策略。例如，业主夫妻两人，一个同意成交，一个不同意成交，不同意成交的一方表现得对你或买家很反感；又如，对方两个人，一个很凶，一个则很温和地跟你压价、谈条件，他们很可能是在使用此策略。

当对方使用黑脸白脸谈价策略时可以从以下两方面进行破解：一是要以开玩笑或讲笑话的方式告诉对方你知道他们在使用这一策略，让他们停下来，多数情况下他们会因为尴尬而停下来；二是我们也使用此策略来阻挡他们，这叫“以其人之道，还治其人之身”；三是可以通过对方白脸来达成自己的目标，你可以对白脸说：“从现在开始，我视他（黑脸）的想法为你的想法。”

第42章　让客户乖乖就范的万能拒绝公式

有一位房地产经纪人带一对夫妻去看一栋老房子，当这对夫妻进入院子时，太太发现院子里有一棵非常漂亮的樱桃树，这位太太兴奋地对她的先生说："你看，院里的这棵樱桃树真漂亮。"她的先生用手肘轻轻碰她，示意她不要过度兴奋，以免让经纪人看出来。非常不巧的是，这一切都被细心的经纪人看见了。当这对夫妻进入客厅时，他们显然对客厅陈旧的地板不太满意，这时，双方展开了如下对话：

客户："这地板怎么这么旧?"

经纪人："是的先生，您说得太对了，这个客厅的地板的确有点旧，不过，我想问您一个问题。"（客户原以为经纪人要跟他争论地板到底算不算旧，没想到经纪人同意自己的想法，便无话可说）

客户："什么问题?"

经纪人："您有没有发现这个客厅有一个非常明显的优点，就是您站在客厅的任何一个地方都能透过大门看到院子里那棵美丽的樱桃树?"

客户不语，继续跟着经纪人看其他地方。

客户："这个厨房的设备怎么也这么旧?"

经纪人："先生是的，您说得太对了，这个厨房的设施的确有点旧，不过，我还想问您一个问题。"

客户："什么问题?"

经纪人："您有没有发现这个厨房有个最大的优点，就是无论洗菜、切菜还是炒菜时，都能透过窗户看到院子里那棵美丽的樱桃树？"

在整个销售过程中，无论客户如何抗拒，经纪人都会强调院子里那棵美丽的樱桃树，这对夫妻所有的注意力都集中在那棵樱桃树上了（樱桃树正是他们所喜爱的）。最后，这对夫妻花50万元买了那棵"樱桃树"。

这个案例主要是讲对客户需求的挖掘，其中用到的技巧对房地产销售人员来说非常重要。每当客户提出抗拒时，这位房地产经纪人都会用万能拒绝公式有效地化解，直至达成交易。万能拒绝公式就是无论客户如何拒绝你，都要说"是的，您说得太对了，不过，我有一个问题想问您"，以此引导客户跟着你的节奏走。当客户拒绝你时，如果继续与客户讨论他拒绝的内容，那么你就会被客户牵着鼻子走；反过来，如果你同意他的观点，会让他措手不及，没有办法反驳你，因为他反驳你就是反驳他自己，你同意他的观点就会让他无话可说。这时，你可以用"不过""但是"这样的词语转折一下，并说"我有一个问题想问您"，对方就只能回答"什么问题"了。

万能拒绝公式：是的，您说得太对了，不过，我有一个问题想问您。

案例1：你推荐的房子太贵了

客户："你给我推荐的房子太贵了！"

经纪人："是的先生，您说得太对了，我以前每次向客户推荐这个小区的房子，他们一听到业主报价时，都有和您一样的想法，觉得这个小区的房子太贵。不过，最后他们大多都买了这个小区的房子，您知道为什么吗？"

客户："为什么呢？"

经纪人："因为这个小区的目标群体就是您这样有身份的人士。"（经纪人开始塑造这个小区的价值，并得出性价比非常高，一点也不贵的结论。即不谈价格，谈价值）

案例2：这套房子的房间太小了

客户："你向我推荐的房子房间太小了。"

经纪人："是的先生，您说得太对了，这套房子的房间的确小了一点，不过您有没有发现这套房子有一个非常大的优点？"

客户："什么优点？"

经纪人："就是这套房子的客厅看上去非常大，本来60多平方米的房子，因为厅非常大，看上去像80平方米的房子。"

案例3：这套房子的外墙太旧了

客户："你向我推荐的房子外墙太旧了。"（客户指着一套学区房的外墙跟经纪人说）

经纪人："是的先生，您说得太对了，这套房子的外墙的确有点旧，不过我有一个问题要问您。"

客户："什么问题？"

经纪人："您知不知道，去年高考咱们省的单科状元是谁？"

客户："不知道。"

经纪人："他以前就在这所小学就读。"

无论客户以什么样的方式拒绝你，都要先认同对方，让他心平气和，无话可说。然后，用"不过""但是"等词语来转折，这样非常容易说服客户。

第 43 章 如何强势攻占竞争对手业务资源

我们都是神枪手，每一颗子弹消灭一个敌人；

我们都是飞行军，哪怕那山高水又深。

在那密密的树林里，到处都安排同志们的宿营地；

在那高高的山岗上，有我们无数的好兄弟。

没有吃，没有穿，自有那敌人送上前；

没有枪，没有炮，敌人给我们造。

我们生长在这里，每一寸土地都是我们自己的；

无论谁要强占去，我们就和他拼到底！

相信大多数人都会被这首《游击队员之歌》中“没有吃，没有穿，自有那敌人送上前；没有枪，没有炮，敌人给我们造”的歌词深深吸引，游击队员们没有条件就硬创造条件，没有队伍就硬拉出队伍，没有武器就硬从敌人手里缴获武器，正是凭借这种坚强的毅力、顽强的战斗力与敌人周旋，并取得了最终的胜利。

商场如战场，战场上流血，商场中流泪，但道理是一样的。在房地产销售中，经常听到销售人员坐在售楼中心大吐苦水，抱怨没有客户。我经常在销售培训课上问这些爱抱怨的人：“我们所在的城市今天有没有人成交?”大家异口同声回答：“有。”这个问题的答案一定是肯定的，而且成交数量可能还不少呢！我又问：“那这些成交的客户是我们的客户吗?”大家都不吭声了。

我问这个问题的目的不是想知道到底有没有成交量，而是想知道那些成交的客户为什么不是我们的。我们天天坐在门店或售楼中心，守株待兔似的等着客户送钱上门，这在业内被叫作“坐以待币”，结果当然是“坐以待毙”。房地产销售人员都知道，“坐销”和“行销”的结果是大不一样的，没有客户就没有盘源，但只要我们走出去，就会获得客户和盘源。有句话说得非常有道理：“困难困难，困在门店就难；出路出路，出了门就有路。”

作为一个优秀的房地产销售人员，一定要改“坐销”为“行销”，主动出击。走出去的方法除了贴条、陌拜、驻守等，还要关注竞争对手的盘源及客户。“没有吃，没有穿，自有那敌人送上前；没有枪，没有炮，敌人给我们造”，这句歌词所讲的道理同样适用于房地产销售。我们在商圈内与竞争对手竞争，如果连竞争对手的情况都不了解，就根本无法赢得竞争。竞争对手拥有什么样的盘源，我们也一定要拥有什么样的盘源。“知己知彼，百战不殆”“敌无我有，敌有我优”，讲的都是同样一个道理——要想战胜对手，就要先在资源上战胜对手。

在日常的房地产销售工作中，一定要积极了解竞争对手的情况：弄清楚竞争对手有什么样的盘源是我们没有的，如何开发这样的盘源；竞争对手接待了什么类型的客户，开发这些客户的渠道是什么，我们可不可以利用好这些渠道开发客户；竞争对手在商圈内做了哪些精耕活动，我们可不可以做类似活动，甚至超越他们；等等。我们可以通过以下方法有效了解竞争对手：

1. 关注竞争对手的橱窗广告

橱窗是展示盘源的重要窗口，一旦有比较优质的盘源，房地产中介公司就会以“精选盘源”或“店长推荐”等方式展示出来。作为一个优秀的房地产经纪人，在经过竞争对手门店时，会格外关注这些盘源，看看自己是否拥有类似盘源。如果自己已经有类似盘源，就要加大力度进行推广；如果自己还没有类似盘源，则要想方设法得到类似盘源。

2. 利用买家了解对方的盘源

一般客户买楼不会只找一家房地产中介公司，他们会货比三家，在几家甚至十几家房地产中介公司看房子，以找到他们最满意的房子。因此，优秀的房地产经纪人应该先与客户搞好关系，取得客户的信任，再逐步了解客户之前在哪些房地产中介公司看了房子，看的是哪几套房子，对这些房子的感觉如何。当掌握了这些信息之后，就可以通过敲门拜访、询问邻居等方式开发相应类型的盘源了。

3. 网络盘源监控

在信息高度发达的今天，相比只注重线下资源挖掘的经纪人来说，网络经纪人会获得更及时、更全面的信息，他们的业绩自然也更好。网络经纪人会把自己的盘源展示在互联网上，并不断更新、跟进。现阶段，从全国范围来讲，安居客、58 同城被经纪人使用的频率比较高，抖音、快手等平台的短视频和直播正逐渐被经纪人接纳并使用。一个优秀的房地产经纪人必须每天关注网络上自己商圈内的广告盘源信息，一旦发现自己没有的盘源，就要想方设法开发类似盘源。

贴　篇

第 44 章 销售进化论——传统销售方法正在被淘汰

在培训课上，我经常听到学员们这样的抱怨：“我们这家地产公司太小了，没有规模效应，无法跟大公司竞争，不知道以后怎么办”“我们卖的是单体楼，没办法跟那些大型小区相比，好难卖啊”等。言下之意，就是他们在当下的市场环境中没有优势，前景不乐观。

遇到持有这样的观点的学员，我经常问他们一个问题：“物种的演进遵循优胜劣汰法则，但是为什么一些看似优秀的物种灭绝了，而一些不够优秀的物种却存活了下来呢?”这就要用适者生存法则来解释了。其实，房地产市场竞争也跳不出这个规律，竞争的关键不是你的公司或楼盘规模的大小，而是它能否适应当时的市场环境。

能否创造好的销售业绩，关键不在于你的销售技术、模式和技巧多么有效率，或者有多少人使用过，而在于它们能否适应当时购买环境的需要。以销售技术为例，你以前或许接受过 AIDA 销售技术的培训（A 即 attention，注意；I 即 interest，兴趣；D 即 desire，渴望；A 即 action，行动)，这种销售技术一般用于一次拜访或客户能够马上做出决策的情况，遵循引起注意—产生兴趣—渴望购买—实现购买的逻辑，这个逻辑在房地产市场处于卖方市场时是行得通的。当房地产市场进入买方市场时，特别是在二手楼市场，如果一味地使用这种销售技术，结果可想而知。因为现在的房地产交易绝对不会是一次性接触，从买家看楼、比较、咨询到做出决策购买，会经过很长一段时间，这就要求我们不断更新销售技术。

SPIN 行销技术（顾问式销售）正在被大家广泛运用，这项技术在众多领域都取得了非常瞩目的成就，房地产销售人员也在尝试用这一技术创造更高的销售业绩。我结合 SPIN 行销技术创造了一套优势售楼法，被广大学员不断地验证其不俗的使用效果（在后面章节介绍）。因为房地产销售技术处在不断更新和发展之中，所以如果我们还沿用旧的销售技术，那就会像那些被淘汰的物种一样灭绝，无法在房地产销售领域生存下去。

妨碍买家做决定的主要障碍无非两点——害怕与无知，害怕让人故步自封，无知则让人产生恐惧。买家害怕买错楼；害怕买得太贵；害怕还有更好、更便宜的楼没看到；害怕买到不合适的楼；害怕开发商没实力；害怕很多承诺不能兑现；害怕交楼后没有现在说得这么好；害怕上当受骗；害怕别人笑话自己笨；害怕拿不到房产证；等等。每一个买家都有害怕的地方，关键是我们要充分了解并有效解除它们。

有一次，一位买家在我公司选购了一套还在按揭的二手楼，由于交易过程中有赎契、过户、公积金贷款等环节，时间较长，所以合同签订一个多月后，买家就天天打电话或来公司找各种理由投诉。后来，我受理了这宗投诉，在我的一再追问下，买家才道出他的担忧。原来，在他签订合同后，我公司分店玻璃门上仍然贴着这套房源信息，他怀疑我公司还在继续出售该房屋，搞一房多售。弄清楚状况后，我来到公司交易部借出刚办好过户手续并准备送去做公积金按揭的房产证给客户看，上面已经写着他的名字了，从此，他再也不来投诉了。

买家存在害怕心理是很正常的，关键是要搞清楚他害怕的真正原因，有时他们说的原因未必是真的，只有不断追问，解除疑虑，才能提供证明以消除买家的担心。买家一般是非专业购买者，通常对你的公司、公司的楼盘情况（你推荐的房子）、公司的服务情况、买楼程序、如何保障自己的利益等不清楚，在这种无知的状态下让他们做购买决策，他们必然会担心有风险，通常会以“我要考虑一下”或“我回去跟爱人商量一下”等借口来推脱。

面对这种“无知”的情况，也要不停追问，以了解客户担心哪些风险，然后重复解说并详细介绍，提供相关的资料进行证明，以消除客户的担忧，让客户明明白白买房。

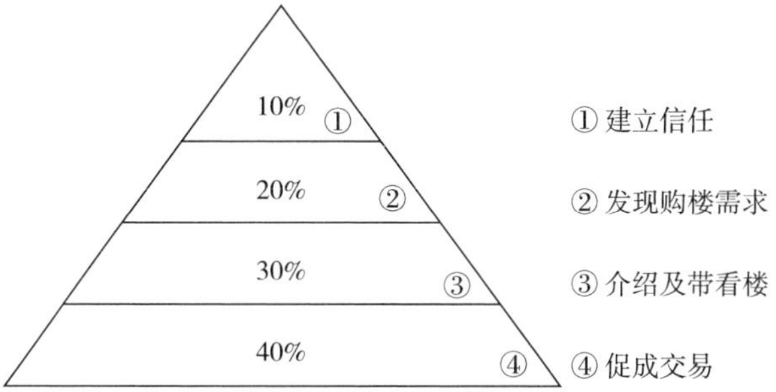

图 44-1 旧的房地产销售模式

在旧的房地产销售模式中，销售人员与买家一见面就寒暄，然后进入需求探寻阶段（一手楼销售就是资格签订），简单的几句寒暄之后就开始推荐、介绍楼盘，并带看楼，然后花大力气解除客户心中因害怕和无知产生的疑虑，直到成交。在这种销售模式中，销售人员通常只花费10%的时间与买家建立信任关系，在需求探寻阶段也只是简单地问“买多大”“预算多少”等问题，然后就迫不及待地开始推荐、介绍楼盘，有时推荐的根本就不是客户想要的楼盘，只能重新来过，既耽误时间，又消耗精力。

旧的房地产销售模式建立在不确定客户准确需求、与客户尚未建立稳定的信任关系的基础上，需要通过推荐、介绍楼盘等方式不断试探客户需求，然后花大量时间去了解、消除客户的购买障碍，效率较低，客户反应也比较冷漠。

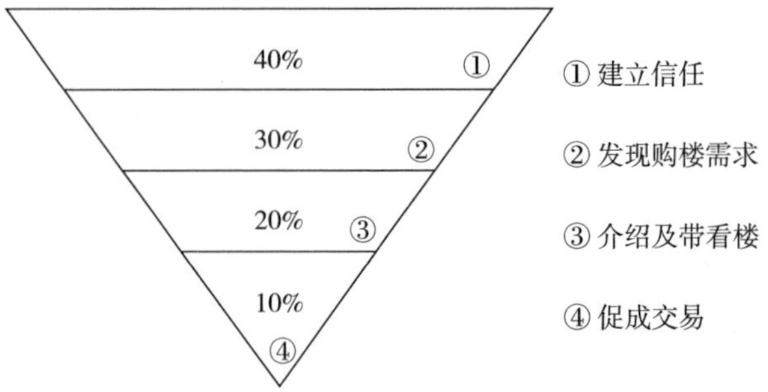

图 44-2 新的房地产销售模式

新的房地产销售模式在时间运用上恰好与旧模式相反。首先，要花费 40%的时间与置业者建立信任，即建立信赖感，这包括如何储备购楼客户。其次，将重点用在发现客户需求上，即搞清楚买家买楼的真正原因及其他需求。其实，有时候买家自己都不清楚自己的需求，这就要通过销售人员的全面提问进行获取。再次，要花费 20%左右的时间推荐、介绍楼盘，介绍要充分、细致，最大限度消除客户因害怕和无知产生的怀疑。最后，成交就是水到渠成的事了，促成交易的时间约占整个过程的 10%。

新的房地产销售模式不是花大量的时间去消除买家的购买障碍，而是用更多的时间防范这些障碍的发生，即管理学上所谓的事前控制。如果你做足了事前控制，事后就不必花太多时间，也能极大地提高销售效率，这就是新的房地产销售模式的魅力所在。

第 45 章 让客户在无意间主动配合你的互动式成交法

在一家生产钢化玻璃的企业年会上，应董事长的邀请，销售冠军与大家分享了他的推销经验。大家非常期待他能分享一下取得超级业绩的秘诀，没想到这位销售冠军只说了一句话："每当我向客户介绍公司的这种钢化玻璃时，我就真的拿出一块玻璃，然后拿出一把铁锤，猛地砸下去，客户见玻璃没有碎，就跟我签合同了。"在第二年的年会上，表彰的还是这位销售冠军，在分享成功经验时，他还是只说了一句话："每当我向客户介绍公司产品时，我就拿出一块玻璃和一把铁锤，然后把铁锤递给客户，让客户使劲砸下去，客户见玻璃没有碎，就签合同了。"

一个好的产品介绍往往能让客户心动。

有一次，我目睹了一位推销保护视力台灯的推销员的精彩介绍。这种台灯是普通台灯价格的五至六倍，单价 600 多元。我看到一对夫妇来到产品展示区，这位推销员就开始介绍产品了。她先把灯光调暗了一些，手里拿着一根小木条，对着这对夫妇说："普通台灯的灯光对小孩视力的影响就像我手中的这根小木条，是潜移默化的。"她一边说，一边不停地用双手弯曲着这根小木条。接着又说："就跟你们一开始注意不到小木条的细微弯曲一样，初期你根本察觉不到小孩视力的变化。"

突然，她用力掰了一下小木条，啪的一声，小木条断成了两段，紧接着她说："但久而久之，孩子的视力就会像这个小木条一样，急剧下降，可那时再发现就晚了。"然后，她就开始介绍她的产品了："这盏台灯的灯光是经过特殊设计的……"最后，我看到这对夫妇愉快地掏钱买了那盏台灯。

其实，一个好的产品介绍就是要通过使用适当的工具让客户参与进来，让他们感受拥有产品后可以得到的好处或没有拥有产品可能产生的痛苦，房地产销售中的互动式楼盘推介法则就是运用了同样的道理。在听楼盘介绍时，一般客户会先入为主，如果销售人员在17分钟内还没有引起客户对该房子的兴趣，那么在剩下的时间里客户很可能会心不在焉，甚至心生厌恶，当客户不再专注时，就意味着销售人员可能失去了向他推销房屋的机会。因此，互动式楼盘推介法则要求房地产销售人员尽快与客户互动起来，让客户参与到你的楼盘推介中。

所谓互动，就是要通过激发客户的五种感觉来影响他们的决策，让客户帮助你来完成销售。这五种感觉就是视觉、听觉、触觉、嗅觉、味觉。如果在楼盘介绍中你能很好地调动这五种感觉，特别是调动客户这五种感觉，就能够很好地与客户进行交流及互动，客户对楼盘能够带来的利益的感受也会更深刻。

在楼盘介绍中要多留意细节，以调动客户的各种感觉。比如，客户说"看上去不错"，那他可能视觉比较敏感，你在介绍中就可以多谈谈颜色、景观、采光等，并尽量将楼盘推介视觉化，可多提供一些图片或模型等。又如，客户一再强调安静或描绘一些与声音有关的事件，或者经常说"听起来不错啊"，那他可能是一个听觉敏感的人，你在推介楼盘时就要多从听觉入手，对于一个山景盘来说，你可以这样介绍："这里晚上很安静，偶尔还能听到青蛙的叫声，完全是来自大自然的声音。"只要你多留意客户的感觉，就可以找到合适的互动方式。

1. 视觉式互动

这种方法适用于视觉敏感型客户，房地产销售人员在推介楼盘时要多从视觉入手，让客户对楼盘产生良好的印象。例如，你可让客户站在某个位置看窗外的美景，如果是预售房，则可以通过生动细致地描绘让客户想象一下窗外的美景，也可以给客户播放一些短视频，如果客户对某段情节有了兴趣或者提出了相关问题，你可以让他重复观看一两次。

2. 听觉式互动

这种方法适用于听觉敏感型客户，他们喜欢说话、喜欢打电话等，经常会说："听起来不错""我听你讲过""你不是说……"面对这种类型的客户，在推介楼盘时要多用能够唤起客户听觉神经的句子。比如，"您仔细听一听，我们这个楼盘很安静，很少有噪声""居住在我们这个海景楼盘，每天早上起来，走出房子就可以听到海浪声，会感觉自己与大自然连成了一片""居住在我们这个山景楼盘，每天早上都能听到鸟叫声，让人有一种回归自然的感觉"。

3. 触觉式互动

这种方法适用于触觉敏感型客户，你可以多使用触摸的方式，让他们不停地触摸房屋的各个细节，直至认可产品。比如，你可以让客户触摸防盗门，感受房屋的安全性；让客户触摸厨具、家具等感受产品的品质；还可以通过接触客户的手、肩等位置，来增强客户对你的信赖感，当然，要把握接触的度与场合。

4. 嗅觉味觉式互动

这种方法适用于嗅觉味觉敏感型客户，他们喜欢说"我喜欢生活多些味道""我好像闻到一股味道"等语句，为了调动这种类型的客户参与楼盘介绍，可以多使用含有"味道"的词语，可以说："我们这里种植的这种花，开花时会散发出茉莉的香味”“我们楼盘附近有很多餐饮店，在这里可以尝遍全国各地的美食。”

由于人的五种感官敏感程度不同，所以在运用互动式楼盘推介法则的过程中，既要抓住主要的一种感觉，也要调动其他四种感觉来配合，充分利用一切可以让客户参与进来的互动方式。

第 46 章 高效楼盘介绍的“2+3+1”黄金法则

我在给企业做顾问的时候，为了调查经纪人带看楼的专业程度，偶尔也会陪一些经纪人去看楼。此外，在我自己买楼的过程中，也有不少经纪人带我去看楼，我会特别留意他们是如何向我介绍房子的。我发现，大约有 50%的经纪人在介绍房子时非常不专业，他们只是简单地把业主介绍给我认识，然后对我说：“邓先生，请看吧。”之后，经纪人便一声不吭，等我看完了，就对我说：“邓先生，咱们走吧。”整个看楼过程中，经纪人没有任何推销动作，而业主倒像个推销员，偶尔会在我身边介绍一番。

推销推销，不推怎么能销呢？推销的第一个前提就是推介，在房地产销售中就是有效地介绍房子，能够做到有效地介绍房子，销售就成功了一半。任何产品的销售人员都必须非常熟悉所推销的产品，如果一个销售人员连产品都不熟悉，又如何能把产品卖出去呢？同理，一个房地产销售人员，也必须非常熟悉自己推介的房子，并且在带看过程中，能够非常流利及巧妙地介绍房子的优缺点，以及房子能够带给客户的好处，这样才能顺利地把房子销售出去。那么，在二手楼销售中，房地产经纪人应该如何推介房屋呢？

我根据自己十余年的房地产销售工作总结出了有效推介房屋必须把握的“2+3+1”黄金法则。其中，“2”表示房屋硬件的两个方面，“3”

表示房屋软件的三个方面，“1”表示房屋的唯一性。

1. 房屋硬件

（1）介绍房屋“大硬件”

“大硬件”主要是指房屋周边的配套设施、物业管理等，具体包括保安数量、治安岗亭、儿童游乐设施、泳池、健身房、酒吧、娱乐设施、会所、幼儿园、小学、中学、菜市场、超市、便利店、公交车、地铁、邮局、医院、商业街、公园、景观、地段以及其他设施。

介绍时要将配套设施、物业管理等能够给买家带来的舒适性、便利性、安全感、自豪感讲出来，让客户去想象和感受。

（2）介绍房屋“小硬件”

“小硬件”主要是指房屋状况、装修情况等，具体包括实用率、通风、采光、私密性、舒适度、温馨感、豪华感、层高、墙面材料、户型合理性、装修质量、洁具品牌、厨具、家具电器以及其他贵重家庭设备、智能系统等。

介绍时要将房屋状况、装修情况、家具电器及智能系统能够给买家带来的安全感、舒适性、自豪感、幸福感等讲述出来，让客户去想象和感受。

2. 房屋软件

（1）介绍房屋主人的发家史

房屋软件主要是指随着房屋变化而变化的状况。例如，原业主五年前买这套房子时开的是桑塔纳，卖房子时开的是奔驰，经纪人介绍业主的情况后要这样对客户说：“张先生，要是五年后您也买了奔驰，一定要借我开开呀，这套房子可是我介绍给您的哦。”这样一来，就暗示客户买了这套房，五年后也会买奔驰，以达到“卖梦想”的目的。告诉客户买的不仅仅是房子，更是生活越来越好的梦想。

（2）介绍房屋的升值空间

买家在买房时都希望所买的房屋能够升值，所以，在做决策前一定要将以往该地段楼价的升值情况进行梳理，或者将类似地段楼价的升值情况进行梳理，以说明你所推荐的房屋升值的可能性非常大，甚至可以大胆预测十年后的价位，用“十年后楼价涨一倍”等语言来提升客户的购买信心。

（3）介绍房屋的邻居

如果客户买房是用来自住的，一般都会关注一下邻居的情况，所以邻居可以成为提升房屋价值的重要因素。一个优秀的房地产经纪人在推介房屋时一定会用邻居或整个小区的居民素质来打动买家。

3. 房屋的唯一性

房屋的唯一性原则在之前的章节已经介绍过了，这里不再重复。需要提醒大家的是，房地产经纪人在推介房屋时，如果能够找到房屋的唯一性，就一定要重点介绍这个唯一性，因为这很可能是最打动客户的地方。

第 47 章 彻底消除客户警戒心理的售楼关系学

如果我们对保险、直销行业的从业人员稍有了解，就会发现这样一个事实：大多数保险或直销业务员，他们的第一个客户或早期客户都是自己的亲朋好友。这是为什么呢？因为他们跟业务员的关系非常亲密，不会刻意拒绝业务员的推销。

每个人都要买东西，但大多数人都不喜欢被人推销东西。业务员与客户之间的关系好坏与推销阻力成反比。如果房地产销售人员与客户之间保持着良好的关系，在推销房屋时，客户心里的抗拒感就会大大减弱，从而有助于销售。

我的一位学员李小姐，有一次她接待了一位广东客户，这位客户的广东口音非常重。这位客户一进门店眼睛就向上看，你问一句，他答一句，一副盛气凌人、高高在上的样子。李小姐觉得这位客户很难打交道，但她非常清楚如果看楼之前没有跟这位客户建立起良好的关系，就很难给他推荐房屋，成交更无从谈起。于是，李小姐开启了下面的对话：

李小姐："先生，我看得出来您绝对不是广东人。"（其实一眼就能看出来是广东人，故意制造给对方指正的机会）

客户："不好意思，我就是广东的。"（一副得意的样子）

李小姐："啊？您真的是广东人？广东哪里人呢？"

客户:“佛山。”(一问一答,显出高高在上的样子)

李小姐:“啊?您是佛山的?我差点就跟您成了老乡。”(拉关系,因为李小姐不会说广东话,所以用“差一点”引起客户注意)

客户:“什么叫差一点?”

李小姐:“我跟您说个事,您千万不要告诉别人。”

客户:“没事,我不会说的。”(一副想知道又得意的样子)

李小姐:“我刚来广州时认识的第一个男朋友就是你们佛山的。”

客户:“那为什么差一点呢?”(不以为然地问)

李小姐:“不就是没有您长得帅吗!”(客户听完,终于低下了头。拉近了与客户的关系后,李小姐开始进行房屋介绍)

在介绍房屋前,一定要与客户建立良好的关系,有了良好的关系也就有了信赖感,接下来的介绍客户才能听进去。否则,在没有信赖感的前提下,我们做的工作大多是徒劳的。工作中,一旦我们与客户接触后,拉“五同”将助你迅速与客户建立良好的关系。

1. 同乡、老乡

我们要广泛地与同乡客户拉关系。经常在外边跑业务的人都对这样的现象深有感触:无论走到哪里,无论北方还是南方,无论国内还是国外,中国人都特别喜欢认同乡,各式各样的同乡层出不穷。一旦我们跟客户有了同乡这层关系,信赖感也就随之建立起来了。

有一次,我看见一位置业顾问接待一对前来看楼的夫妇,这位置业顾问热情地迎上去,寒暄几句后,她发现男士讲话带东北口音,就赶紧问对方:“听口音您是东北的吧?”对方回答说:“是大连的。”置业顾问一听,非常高兴地说:“那咱们还是半个老乡呢。”这位先生一听高兴了,接着就问:“你也是北方人?”置业顾问笑着说:“不是,我先生是大连的。”就这么一下,置业顾问就将这对夫妇的话匣子打开了,三个人有说有笑,问这问那,好像老熟人似的。后来,这对夫妇的家人又复看了一次,就成交了。

事后，我问这位置业顾问，你先生真的是大连人，她笑着说："不是。"我问她："那你去过大连吗？对大连熟悉吗？"她说："没去过，也不太熟悉。"我接着问她："要是万一他们问你对大连的印象或是问一些关于大连的细节，你不怕穿帮吗？"她说："那还不简单，我就说刚结婚没多久，还来不及去看看，不就得了。"

还有一次，一位置业顾问接待一位女士看楼，几经周折，这位女士终于定了一套房子，可在下定当天，这位女士把她的先生叫来了，让先生做决策。因为担心先生的出现会影响成交，所以置业顾问决定跟他拉拉关系。听到他说话带着很重的客家口音，置业顾问就试探性地问他："听口音您是客家人吧？"这位先生高兴地说："是啊。"置业顾问接着又问："您老家哪里的？"这位先生说是梅州的。听到这里，置业顾问立刻用梅州话跟他说："我们是老乡啊，我妈妈就是梅州的。"一句话让这位原本还在犹豫的先生一下子舒展开了眉头。当谈到价格时，这位置业顾问说："您是我的老乡，我把能打的折扣全打了，连我们老总手上的折扣我都先斩后奏了，所以这已经是最实惠的价格了。"就这样，一场原本气氛非常紧张的价格谈判一下子轻松下来，成交也就顺理成章。

据我所知，这位置业顾问是土生土长的广州人，怎么一下子就变成梅州人了呢？我就问她："你真的是梅州人？"她的回答是否定的，我好奇地问："那你怎么会讲客家话？"她说："那几句谁不会啊。"我又问她："要是那位先生继续用客家话和你聊天，岂不是要穿帮？"她笑着说："我不是说我妈是梅州的嘛，但是我是在广州长大的，不经常讲客家话，讲得不好，不就行了。"

原来，同乡、老乡这么好用，你可以说自己跟客户是老乡，也可以说有亲戚跟客户是老乡，还可以说有一位同事、朋友跟客户是老乡。总之，多了一个老乡，关系就亲近一层，客户对你的信赖感也会随之增强。

2. 同学

在与客户的沟通中，可以聊读书的话题，一旦对方跟你读过同一所学校（无论是大学、中学，还是小学，甚至是幼儿园），你们就成了校友，这时你就要变得嘴甜，迅速与客户拉近关系。一般来讲，客户大多比你年长，你可以称对方为“师兄”“师姐”，在日常的沟通中，也不要再称呼对方“×先生”“×小姐”了，可以直接叫“×师兄”“×师姐”，以获得客户对你更大的信任。

例如，你可以这样说：

“×师兄，有个好消息，我帮你找到了一个非常优质的房子。”

“×师姐，这个价格是业主的底价，我是你师弟，怎么可能骗你呢？”

“×师兄，你放心，谈价这件事就包在师弟我身上了。”

3. 同事

在与客户的沟通中，可以聊以前工作时的单位，一旦对方之前的工作经历跟你有交集，你就成了他的同事，这时你就要变得嘴甜，迅速与客户拉近关系。无论你与客户的交集发生在公司，还是整个系统内，都可以归为同事。例如，你在中国电信工作过，对方之前也在电信干过，无论是广东电信、北京电信、上海电信，都属于电信系统。一般来讲，客户大多比你年长，你可以称对方为“领导”。如果大家都当过兵，你也可以称呼对方为“老班长”。一旦你这样称呼客户，就会迅速获得客户的信任。

4. 同宗

在与客户的沟通中，一旦客户的姓氏跟你相同，你就成了客户的本家，即同一个老祖宗。如果你跟客户成了本家，就要迅速与客户拉近关系，可以聊聊家族史，说自己的老家是从客户老家那里迁徙出来的，让客户有种自豪感，可能的话认对方为“大哥”或“大姐”，从而迅速让客户对你产生信赖感。

5. 同好

同好指的是爱好相同的人，找到客户的爱好，你就可以投其所好，聊天时也就有了共同话题，沟通起来就容易多了。如果在共同爱好上，你比客户更专业，能够给客户提供一些有益的指导就更好了，这样客户更容易对你产生信赖感；如果在共同爱好上，你不如客户专业，那么可以虚心向客户请教，让他觉得你是一个非常上进的人。

我们都是活在关系里的人，充分且善意地利用这些关系，与更多人建立新的关系，对你的事业的帮助将是不可估量的。畅销书作者戴尔·卡耐基在他的著作《人性的弱点》提出这样一个成功公式：成功=80%的人际关系+20%的专业知识。在房地产销售过程中，有效地利用这种售楼关系学，将让你拥有更多客户，让客户对你产生更强的信赖感，从而卖出更多的楼盘。

第48章 每次都让客户喜出望外的技巧

一个小伙子开了一家照相馆，经常接到旧照片翻拍和冲扩业务，而这些旧照片一般都有皱褶、褪色，甚至模糊不清等缺陷。每当接待这些客户的时候，他总是先和客户说明，因为您的照片存在这样的缺陷，可能会影响翻拍和冲扩效果，不过我会尽力让您满意。但是等客户来取照片时，往往都是眼前一亮，陈旧的黑白照片经过精心处理，几乎和新照片一样，颜色饱满，画面干净清晰。客户对小伙子的翻拍技术十分满意，还会主动向其他人推荐。时间一长，旧照片翻拍和冲扩业务就成了这家照相馆的招牌，很多客户慕名而来，小伙子的生意越来越红火。

其实，在电脑技术日益发达的今天，旧照片可以用专业软件进行修复，而且修复效果都是可以预见的，这位小伙子从事摄影多年，对这一点应该非常清楚，但他为什么还要事先向客户说明可能会影响效果呢？这就关系到了客户满意度和满意期望值的问题。

客户满意度指的是客户实际感觉与他对服务商的期望的比值，即客户满意度=客户实际感觉/期望值。如果小伙子不提前说明客户提供的照片存在瑕疵，会影响翻拍效果，那翻拍之后客户的实际感觉与期望值就会相当，也就不会有喜出望外的效果了；而小伙子提前说明了照片的瑕疵可能会影响翻拍效果，客户的期望值就会大大降低，在翻拍之后发现那些瑕疵并没有影响整体效果，客户的实际感觉会大大高于期望值，这时客户的满意度就会非常高，由此所带来的效果自然是喜出望外了。

那么，在房地产销售过程中能通过哪些方法提升客户满意度呢？

1. 提前告知不理想的结果

像上述案例中的小伙子一样，当销售人员提前说明原因时，客户的期望值就会大大降低。在房地产销售中，也有大量类似案例，使用这一技巧的关键在于，销售人员要通过事前跟客户或业主的沟通，让对方有所担心，从而对期望值有所降低。

例如，你带客户看楼，客户很喜欢这套房子，问你多少钱，你说100万元，客户还价85万元，你跟客户说之前有人还价到97万元，被业主骂回来了，您要是有心买，就出个实在价。这种情况下，客户对于一下子砍掉15万元的期望值就无形中被降低了。又如，你跟客户说现阶段业主反价比较厉害，而且他太太之前透露过想涨价的意思。这样一来，客户想砍价的期望值就被降低了。

2. 延长标准完成时间

在一些大型游乐场所，因为很多游乐设施需要长时间排队，所以经营者通常会在显眼的地方提示需要排队多长时间，如“需要排队60分钟”，这时，你可以选择排队等候，也可以选择去其他人比较少的游乐设施，通常情况下，用不了60分钟你就排到了，这时你非但不会有排队等候的烦躁，反而会认为园区的运用管理工作做得很好。其实，提示牌上应该写“需要排队45分钟”，工作人员故意写成“60分钟”，这就有效地降低了游客的期望值。这就是通过略微延长标准时间获得客户较高满意度的典型案例。

在房地产销售中，如果客户问你：“我的房子多少天能租出去?”你可以这样回答：“行业平均租出时间是13~15天，我们公司的平均租出时间大概是10天。”其实，10天仍然高于真正的平均水平，你通常在5天左右就能把房子租出去，如果真的在这个期限内租出，业主的满意度就会非常高。

在房地产销售中，利用延长标准完成时间获得客户较高满意度的案例有很多。例如，你对客户说："凭我的个人经验，这套房子最多只能谈到360万元（实际底价是350万元）。"但客户仍然希望能谈得再低点儿，这时，你可以表现得很无奈，暗示客户不可能再往下谈了，我的能力也就到这儿了，如果必须往下谈，就得请我师傅出马了。

3. 转换环境

对于不同的消费环境，客户的满意度也会有所不同。比如，人们去农贸市场买东西，即使卖家有些不太文明的言行，大家也会见怪不怪；而去超市买东西，如果超市服务员稍微有些不文雅的言行，人们就会感觉服务很差。这是由消费者对农贸市场和超市的期望值截然不同造成的。又如，多数人在地摊上买东西，哪怕很便宜，也要砍价；而在商场买东西，哪怕是价格上万，一般也不会砍价，因为商场没有砍价的环境。

在房地产销售中，销售人员要通过强化品牌和高标准的服务，让客户理解我们各个环节的工作都是为了确保服务品质，所以时间会长一点，同时降低他们对打折的期望。

第49章　如何有效逆转参谋的观点

有一部分客户总是对自己的决定有所怀疑，即使他们已经看中了某套房子，但总是感觉不踏实，必须让懂房地产的朋友或是有购房经验的家人再给参谋一下。这类客户虽然比较有诚意，但也是非常难缠的。你的销售话术不但要让决策者满意，还不能得罪喜欢大声说话的参谋；不但要让客户觉得买到了自己需要的房子，还要非常艺术且有效地化解参谋的各项挑剔。在参谋参与决策的情况下，参谋这一关非常难过。

为什么这么说呢？我们分析一下客户心理就会明白，购房是人生大事，所以客户找到的参谋一定是他非常信任的，而且是略懂房地产知识和行情或是有购房经验的。如果客户在自己的决策下购买了不喜欢的房子，那他肯定无话可说，如果是参谋的失误导致客户买到了不喜欢的房子，就很可能被客户抱怨，所以参谋的责任不小啊。

因此，参谋对楼盘的各方面要求肯定比客户要高，他们专门挑楼盘的刺儿，即使经纪人和业主已经谈好了价格，也要再砍价，他们觉得既然朋友信任自己，就一定要不负所托，给出专业意见。很多经纪人会觉得参谋自以为是，但他们的意见却通常对客户决策起到非常关键的影响。

在房地产销售中，如何正确接待参谋，有效地化解他们的挑剔，让客户顺利签单呢？

1. 重视参谋的意见，绝对不要批评参谋

在房地产销售中，必须高度重视参谋的意见，因为参谋虽然不是决策人，但是他对客户做决策会有很大影响。此外，大部分参谋都是与客户关系比较密切的朋友，俗话说："志同道合者方为友"，所以，参谋的大部分观点很可能也是客户的观点。

因此，在带看楼过程中，一定要尊重参谋的意见，不要与参谋发生冲突，如果参谋的观点明显违背事实，销售人员可以利用万能拒绝公式艺术地扭转局面；如果参谋的观点引导客户朝与成交相反的方向发展，销售人员可以用"赞美+提问"的方式将客户和参谋的思路拉回正轨。此外，在与参谋的交往中，要避免使用"不会呀，我觉得挺好的啊""这套房子非常实惠啊，怎么说贵呢""先生，买房子的是您，甭管别人怎么说，您自己觉得怎么样""您刚才说得不对""您别讲了，我插一句""您错了，我料到您会""根本不对"等让客户和参谋反感的语句。

2. 利用从众心理，让参谋失灵

如果房地产销售人员能够很好地利用人的从众心理，也可以让参谋闭嘴。女性在商场看上某件衣服时，优秀的导购小姐一般不会等她确认，就直接拿来衣服鼓励她试穿一下；当顾客从试衣间出来后，导购小姐一定会说她特别适合这件衣服，并夸她身材好，与此同时，店内的其他导购小姐也会过来用羡慕的眼光看着她，并附和着称赞。一般在这种情况下，顾客就会询问同行的朋友的意见，在从众心理的影响下，朋友通常都会表示赞同。

这就是利用从众心理有效控制参谋的方法，有时甚至可以让参谋闭嘴。在一手楼销售中，销售人员可以互相配合，看到同事在介绍样板房，可以不经意地插上几句，证明这套房子好，或者引用"前几天有个客户"的话说这个户型好。二手楼销售也一样，无论经纪人带看房子，还是在门店与客户洽谈，都可以不失时机地指出这套房子哪里好，或者

引用“前几天有个客户”的话说这套房子哪里好。

3. 利用“影子”参谋，让参谋闭嘴

在带客户和参谋一起看楼时，一定要捧着参谋，夸他是行家，并表示认识他很荣幸，把他抬到一个高度上去。然后，你可以跟客户和参谋讲故事，说前几天刚好也接待了一位像您（参谋）这么专业的人士（可以说成是一位做房地产直播的主播），他也是陪朋友来选房子的，说我们的房子哪里好，他朋友当时就下定了。如果是卖二手楼，可以说自己前几天接待了一个非常资深的行家，推荐了一套三居室给他，他很满意，听到我说楼下还有个两居室，他一定要再看看，看完后觉得这套两居室也很好，如果不是不够住，他一定要买，这样一来，让参谋不太好意思去驳斥“权威”的说法。

第 50 章 让客户渴望买楼的 FAB 法则

小白兔看到小猫钓鱼，觉得挺好玩，于是，它也买来鱼竿去钓鱼。第一天，小白兔去河边钓鱼，什么也没钓到，回家了；第二天，小白兔又去河边钓鱼，还是什么也没钓到，回家了；第三天，小白兔仍然坚持去河边钓鱼，还是什么也没钓到，回家了；第四天，小白兔又来到河边，刚到河边，看见一条大鱼从河里跳出来，冲着小白兔大叫："求求你别再用胡萝卜当鱼饵了。"

这则笑话道出了销售的真谛。很多销售人员总是向客户推销自己想要的房子，而不是客户想要的房子。胡萝卜对小白兔来说是至爱，但对鱼来说没有任何用处。也就是说，我们在销售时，不要卖产品本身，一定要卖产品的好处。例如，我买电脑是看中了电脑能够快捷、高效地处理文件和上网等功能，所以电脑销售人员一定要针对我的这些需求进行推销才能打动我。

一只老猫和一只小猫来到海边吃鱼，它们吃得很饱，晒了会儿太阳就回家了。在回家的路上，突然，从老猫的头顶上砸下一袋东西，老猫敏捷地一闪，没有被砸中。但它非常生气，跑过去看了一下，原来是一袋子美金，它无可奈何地转身走了。这时，小猫建议它把美金拿回家，老猫说："美金没什么用，还是回家吧。"小猫说："美金可以买鱼啊。"老猫拍拍肚子，说："里面全是鱼啊，还是走吧。"小猫接着说："你可以用美金买鱼，回家送给母猫，它们没吃鱼，你送鱼给它们，就可以与它们谈恋爱啊。”老猫一辈子没谈过恋爱，听到这里，立即扛起装美金的袋子，高兴地回家了。

这则寓言说明，卖产品要卖好处，但一种产品会有很多好处，我们要卖的是客户最需要的好处，一个优秀的房地产销售人员一定要挖掘出一套房子能够满足客户需求的好处。例如，在老城区卖学区房时，孩子是否能够入读名校是家长们最需要的好处，但是如果客户是一位 70 岁的长者，孙子已经读中学了，那么这些学区房对他来说就没有什么吸引力了。

既然入读名校这一好处长者已经不再需要了，那么我们就要针对长者的需求挖掘其他好处。一般来说，老城区的房子除了可以入读名校，其医疗配套也是非常完备的，这对长者来说是能够满足他们需求的好处。

如何挖掘房屋的好处并向客户推介呢？FAB 法则是非常实用、高效的一个方法。

1. F（feature）——属性

很多销售人员把 feature 翻译成特征，特征就是区别于竞争对手的地方，当你介绍产品且与竞争对手的产品进行比较时，会让客户产生一定的抵触情绪，所以这个单词正确的翻译是属性，即你推介的房屋所包含的客观现实所具有的属性。比如，框架结构、电梯、入户花园、两个阳台、间隔方正、楼层高、景观、配套等。

2. A（advantage）——作用

很多销售人员把 advantage 翻译成优点，优点就是你比竞争对手好的地方，这样的表达会让客户产生一定的抵触情绪，因为你面临的竞争对手非常多，相似的房屋也很多，你推介的房屋不可能比所有竞争对手推介的房屋都好。每一套房屋都有自己的特征，当你说房屋的某个功能或配套比竞争对手好的时候，客户就会产生一定的抵触情绪。实际上，在销售中把 advantage 翻译成作用更好一些，作用就是能够给客户带来的用处。

3. B（benefit）——益处

这里把 benefit 翻译成给客户带来的利益。比如，入户花园可以给客户带来好心情，且有一半面积是赠送的，这一点对客户来说是个很大的益处，也很有吸引力。

4. FAB 法则使用技巧

（1）从房屋属性、房屋作用到房屋益处逐步介绍，这就是 FAB 销售法则。

（2）可以运用“因为……（属性），所以……（作用），这意味着……（益处）”这样的话术使用 FAB 法则，能够提高你的推介效率，从而提升业绩。

第51章 不可忽视的“卖居住”与“卖生活”差异

随着社会进步和科技发展，越来越多的人开始改变生活方式，他们注重生活圈子的拓展和生活品质的提高。因此，房地产销售人员在推介房屋时必须向置业者展示房屋所代表的生活方式。一般来说，置业者在购买房屋时，除了考虑房子是否适合居住，还会考虑房屋是否能够保值升值、居住品质如何、居住便利性、社会地位、居住安全性、居住舒适度等。

置业者考虑的生活因素

考虑因素	考虑重点内容
保值升值性	与同地段物业的性价比、未来规划、升值空间、租金回报
居住品质	小区规划及设施（园林、绿化、花园、楼距等）、空气是否清晰、景观设置、是否安静、房型
居住便利性	交通、配套、文化娱乐、健身、医院、学校、市场
社会地位	商圈定位、小区定位、小区居民素质、楼盘品位
居住安全性	社会情况、住户背景、保安设施、智能化设施、大楼管理员分配
居住舒适度	人性化设计、物业管理、小区居民素质

1. 保值升值性

（1）永远不要跟客户谈价格，要跟客户谈价值。房地产销售人员在介绍房屋时，一定要塑造房屋的价值，而不是单纯地拿价格与竞争对手比较，因为只有房屋的价值是客户需要的。

（2）房地产销售人员永远不要做房屋推销员，而要做置业顾问。因此，我们必须非常熟悉所售楼盘周边或所在商圈内的相关规划，它们对房地产市场将产生什么样的影响。

（3）要从长远描绘升值空间，而不是只关注短期价格。短期内楼价具有不确定性，顾客一般不会相信你的描述，而对于长期价格，你甚至可以用承诺的方式来表达。

（4）作为一个优秀的房地产销售人员，必须非常熟悉楼盘或门店所在商圈的物业租金回报情况。

2. 居住品质

（1）小区规划不仅仅是小区布局的问题，对置业者在小区的生活也会产生重要影响，好的规划会提升居住者的生活品质。

园林、绿化、花园、楼距等会对居住的舒适性产生影响；小区配套设施，如便利店、超市、健身房、幼儿园、小学等则会对居住的便利性产生影响。所以，向客户推荐房子时，要把以上情况介绍全面，从各方面进行说服。

（2）空气质量如何也是置业者购买时考虑比较多的一个因素。此外，是否闹中取静、是否有噪声污染等都可以作为重点介绍内容；当然，户型设计、适用性、私密性、通风采光、舒适性、景观等也要重点介绍。

3. 居住便利性

居住便利性可以从两方面向客户介绍：一是小区配套设施带来的居住便利，上述居住品质内容中已有介绍；二是外部环境及商圈配套带来的居住便利性，包括交通、商圈配套、文化娱乐、运动场所、医院、学校、市场等。

4. 居住安全性

（1）社区治安情况：社区治安警力配备、治安情况。

（2）小区治安情况：保安数量及素质、巡逻情况。

（3）小区安全设施：物业配备的治安设施、小区智能化设施等。

（4）小区居民素质：居民的职业、学历等。

5. 社会地位

（1）楼盘所在板块或商圈所代表的社会地位，如高端社区、高校区等。

（2）楼盘所代表的社会地位，通过居民构成凸显身份及地位。

6. 居住舒适度

（1）建筑要以人为本。小区规划是否人性化、房屋结构是否充分考虑居住的舒适性等。

（2）居民素质与置业者身份吻合，物以类聚，人以群分。

（3）小区的物业管理水平如何，是否充分体现了服务精神，而非机械的管理，也是置业者考虑的因素之一。

房地产销售人员一定要抓住以上六个方面的优越性，充分展示房屋的优势，并向客户描绘未来的生活方式，变“买房子”为“卖生活”，以此说服客户。

第52章 业绩倍增的嘴甜成交法

有一次，我在一家房地产中介公司做了一场旨在提升店长管理能力的企业内训，利用中午的时间跟他们的总经理做了一次交流。这位总经理原来在全国知名的开发商做了6年销售工作，该公司连续6年的销售冠军都是她，交流中她跟我说了一句话，我立刻就明白她能够取得骄人业绩的原因了。她说："邓老师，我有个习惯，见到男的我就叫'哥哥'，见到女的就叫'姐姐'或'妹妹'。"听完这话，我恍然大悟，原来被她这么一叫，客户就都成了她的兄弟姐妹。试想：如果你的兄弟姐妹要买楼会找谁呢？

这就是嘴甜的奥妙所在，我们嘴巴甜一点，与客户的关系就迅速被拉近，客户对我们的信赖感也随之增强。在房地产销售中，销售人员嘴巴越甜，与客户的关系就越好，销售房屋的难度也就随之降低。

有一次，一位置业顾问在与客户闲聊时了解到，客户与自己在同一所中学读书，客户比自己年长，于是，置业顾问就称呼他为"师兄"，并告诉客户："你是我师兄，所以我一定帮你争取到最好的价格。"就这样，这位置业顾问与客户之间的关系不断升级，最终顺利达成交易。

还有一位经纪人是退伍军人，当他与一位同样也是退伍军人的客户认识后，这位经纪人就称该客户为"老班长"，而且每次联系时都以此称呼，并不断告诉客户："你是我的老班长，你放心，我一定会帮你争取到最好的价格。”当然，这位经纪人也顺利达成交易。

房地产销售人员要使用嘴甜成交法拉近自己与客户的关系，除了使用以上案例中的技巧，还可以对客户大加赞美，以获得客户的好感。赞美客户可以从以下角度入手：

1. 从整体及内在赞美客户和业主

（1）您很有内涵，带您看楼让人很舒服。

（2）您太有智慧了。

（3）您真是德高望重。

（4）您真是年轻有为。

（5）您很和蔼、亲切。

（6）您真温柔体贴，太有女人味了。

（7）您这么平易近人，人缘肯定特别好。

（8）您真是菩萨心肠，的确与众不同。

（9）您的气质很文静，看起来像个才女。

（10）您面色红润，一定很健康。

（11）您额头真宽，一看就充满智慧。

（12）您个子真高，像模特。

（13）您目光深邃，一看就是个阅历非常丰富的人。

（14）您做事很有主心骨，不会被任何东西左右。

（15）真看不出，您对事业如此执着。

（16）您真是处变不惊，了不起。

（17）您真是我的良师益友，听您说话总是让我豁然开朗。

（18）您学习很有毅力，我们要以您为榜样。

2. 从情感上赞美客户和业主

（1）这么多人关心您，真让人羡慕。

（2）谁不知道您的鼎鼎大名啊，所以您的意见很重要。

（3）您真是个活雷锋。

（4）您能获得今天的成绩真是不容易，照这样努力下去，40岁之前成为千万富翁不是问题。

（5）您能兼顾事业和家庭真不容易。

（6）您的地位不可取代，只有您这样的人才能达到如此高度。

3. 从外在赞美客户和业主

（1）您的发型是今年最流行的，很柔和、飘逸。

（2）您的眉毛像漂亮的柳叶。

（3）您虽然是单眼皮，但严肃中流露出柔和，冷酷中传递出热情。

（4）您耳垂很大，一看就是个有福之人。

（5）您的脸型可是富贵之人的脸型。

（6）您的脸型非常适合这个发型，很精干。

（7）您留这样的胡子像艺术家。

（8）您这条领带的颜色很醒目，这套西装可是大牌呀，很适合您，就像量身定做的一样。

（9）您的皮肤看起来很光滑，白里透红。

（10）看您手上的老茧，就知道您是个能吃苦的人。

（11）呀，您身材真好，我还以为遇上模特儿了呢。

（12）看您的穿着，您肯定是个爱好运动、向往自由的人。

（13）您的衣服总是以红色为主，足见您这个人充满热情。

（14）您的气质很高雅。

（15）您的气质给人的感觉很不一般。

（16）您是一个很有品位的人。

4. 从工作上赞美客户和业主

（1）您对工作太负责了。

（2）您真是魅力四射。

（3）您这方面的能力可真不简单。

（4）像您这样有能力的人确实不多见。

（5）您很有这方面的天赋，说话让人信服。

（6）一天工作十几个小时，您真了不起。

5. 从肢体语言、仪容仪表赞美客户和业主

（1）您的点头、微笑让人心里舒服。

（2）您笑得很灿烂、真诚。

（3）您的笑容很有吸引力。

（4）您笑起来有两个酒窝，真漂亮。

（5）您的眼神很迷人、亲切。

（6）您走起路来像模特。

（7）您走路很慢，可是看着很高雅。

（8）您走起路来很有气质。

（9）您的衣着虽然简单，但很有个性。

（10）您的穿着给人很轻松、温柔的感觉。

（11）您看起来像个明星。

（12）您的穿着很有气质，很有魅力。

（13）您看起来像领导。

（14）您很幽默、风趣。

（15）很荣幸结识您这样有内涵的朋友。

（16）我肯定不会交错您这个朋友。

（17）您考虑问题如此细致，不成功才怪呢。

（18）您喜欢安静，肯定经常思考问题吧。

（19）您不展示自己的才华，真是可惜呀。

（20）您真直爽，跟您打交道真痛快。

（21）您还有多少秘诀，再教我一招吧。

（22）您真是激情四射。

（23）您的满腔热情一定能感染身边的人。

（24）还是学历高的人懂得多。

（25）您走过的桥比年轻人走过的路还多。

（26）像您这么低调的人真难得。

第53章 如何让客户想跟你买楼

在房地产销售中，记住客户的名字是非常重要的，同时，让客户记住我们的名字也同样重要。只有客户记住了我们的名字，才会找我们买房子。作为一名优秀的房地产销售人员，必须在与客户接触的过程中想方设法让客户记住自己的名字。

1. 让别人印象深刻的名字介绍

（1）把自己的名字与名人联系在一起

我经常这样做自我介绍："大家好，我的名字叫邓小华（在屏幕上写下'邓小华'三个字），请问在座各位有没有不认识其中任何一个字的，举手示意一下。"当然，没有人会举手。

我接着介绍："邓是邓小平的邓，小是邓小平的小，华是中华人民共和国的华。三个字没有什么特别含义，加起来就是一切都好的意思。在这里我衷心祝愿各位，从认识我这一刻开始，生活、工作一切顺利，这样好吗?"（以祝愿引领大家鼓掌）

（2）把自己的名字与地名联系在一起

如果你叫江南，就可以这样介绍自己。"大家好，我叫江南。唐代大诗人白居易有一首词：'江南好，风景旧曾谙。日出江花红胜火，春来江水绿如蓝。能不忆江南?'我就是'能不忆江南'的'江南'，'春风又绿江南岸'的'江南'。"

（3）幽默地介绍自己的名字

例如，在下×××，我是以长得难看出名的（掌声）。在我的生活、工作中，男士对我的印象都特别好，因为本人这个样子对他们没有任何威胁（笑声），而女人对我的长相已经到了忍无可忍的地步（笑声、掌声），她们认为我是人比黄花瘦，脸比煤球黑（笑声）。但是我要特别声明，这不是本人的错，当初父母没有征得我的同意就把我生成了这个样子（笑声、掌声）。时代在变，潮流在变，人们的审美也在变，男人的长相基本可以分为三种：第一种是看上去漂亮，看久了没什么男人味儿；第二种是看上去很难看，之后越看越难看，简直惨不忍睹；第三种是看上去很难看，看久了就顺眼了，别有一番男人味，在下就属于这种（笑声、掌声）。鼓掌的都表示同意了，鼓掌的都是和我长得差不多的（笑声），真是物以类聚啊。

2. 独特的声音

声音和容貌都是父母给的，我们不能随意改变，但我们不能否认声音在销售中的重要作用，在很多人的房地产销售经历中都存在着用声音的魅力成功拉近与客户距离的成功案例。因此，在日常工作中，我们必须刻意训练自己的声音，使其更加浑厚或甜美，这样在进行电话沟通时更容易引起客户好感。

3. 从职业形象上为自己加分

之前的“名字介绍”和“声音魅力”无论是在面对面销售还是电话销售中都是非常有效的，而好的职业形象能够在会面时给客户留下好印象。如果你不具备“名字介绍”和“声音魅力”两个优势，就要把握住职业形象这个优势了。职业形象看中的不是长相，而是得体和符合身份、

4. 树立个人标识，让别人在听到你的名字时就能想起你的相貌

我们可以在职业形象塑造或动作举止等方面打造一些个人标识，这

样容易让客户记住你，但切记不要太出位。其实，做销售就是在做关系，别人接受你了，愿意和你做朋友了，谈合作就容易多了；做销售也是在做服务，要多站在对方角度考虑问题，只有双赢，合作起来才更轻松，也更长久。因此，虽然你因个人标识让客户记住了，但形象、举止都要得体，要有服务意识，给客户留下良好印象才是正道。

第 54 章 让客户无法抗拒的服务成交理念

在英国伦敦的一条大街上，新开了一家叫“罗毕”的鞋店。鞋子的款式很多，质量也不错，但是这条街上的鞋店实在太多了，同质化现象严重，竞争非常激烈，因此这家鞋店的生意一直平平淡淡。

一天，店里进来两位时尚女性，她们挑了一双又一双鞋，试穿了一次又一次，最后终于买了一双。付账的时候，其中一名顾客对同伴说：“今天购物真是辛苦，一次一次地脱鞋，又烦又累。”店老板心想，很多顾客在试穿鞋子时都会抱怨换鞋太麻烦，若能让顾客赤脚进店，就少了不必要的麻烦，顾客试穿起来就轻松多了。但是，如何让顾客自觉自愿地赤脚进店呢？放上许多拖鞋肯定不行，那该怎么做呢？

后来，店老板从一些重要场合铺的红地毯得到了启发，决定在店内铺名贵地毯，并将店名改为“赤脚鞋店”，又在门口设置了鞋架。做好这些后，他向所有员工郑重宣布：“顾客脱鞋进店后，由服务员免费为其擦鞋。”然后，老板在门口贴出一份告示：店内铺有名贵地毯，顾客脱鞋进店购物，并享受本店免费擦鞋服务。

告示贴出后，许多顾客慕名而来，有些顾客本来是想免费擦鞋的，但占便宜的次数多了，也不得不买一双鞋；有些顾客是来买鞋的，因为光脚试鞋太方便了，所以试鞋的样式和次数也就多了，当然买得也就多了；还有些顾客是进来随便看看的，进店后感觉既随便又亲切，而且又有人给擦鞋，于是也促成了消费。一段时间以后，鞋店的销售额大增。

在商品严重同质化的今天，优质的服务已经成为打败竞争对手的重要法宝，这一点在房地产销售中显得尤为重要，它是衡量房地产中介公司专业与否的重要因素。当你离客户越近时，离对手就越远，通过服务制胜的房地产销售时代已经来临。房地产销售人员可以通过以下方法提升自己的销售量：

1. 不以销售为目的的售前服务

有一次，在门店的橱窗广告前有一位女士正在看盘源，她一手领着一个两三岁大的宝宝，另一只手拿着宝宝的玩具和水瓶，腋下还夹着宝宝的衣服。我见状赶紧把我平时装东西用的环保袋拿来给了这位女士，对她说："把玩具、水瓶、衣服都装进环保袋，这样会方便一点。"这位女士拿了环保袋后，在橱窗前看了很久，说好像没有她想要的房子。我跟她说："给你环保袋不是让你买房子，只是希望你带着宝宝逛街能轻松点。"后来，这位女士经常来我们门店看盘源，直到她在我这里买了一套房子为止，而且还给我介绍了好几个客户。一个小小的环保袋为我带来了成交和源源不断的客户。

售前服务通常是一些跟销售没有直接联系的服务，通过这些服务可以增强客户对我们的信赖感，让客户觉得我们不是为了卖楼才提供服务的，而是发自内心地想和他们成为朋友，这对于销售有极大的促进作用。相关内容会在后面章节展开论述。

2. 销售房屋时，顺便提供一些额外服务

房地产销售人员做行销时，经常会到各种置业者出现的场所派发 DM 广告，或是在楼盘展销时，派出大量人员派发 DM 广告。通常，很多 DM 广告一到消费者手里，连看都没看，就被扔到垃圾桶里了。后来，我们在给企业做顾问咨询时，告诉他们可以在 DM 广告的一面印上盘源信息，另一面印上城市地铁分布图。当把这种双面 DM 广告派发给消费者时，被扔进垃圾桶的概率就低多了。

第 55 章 售楼过程中眼泪也有妙用

在一个卖玩具的摊位上，一位年轻爸爸带着一个女孩儿看了好一阵，销售员热情地向他们介绍各种玩具，可这位年轻爸爸始终无动于衷。这时，销售员的注意力被旁边一个满地打滚的男孩吸引了。销售员立即调整策略，对这位年轻爸爸点头示意了一下，就集中火力去招呼那个满地打滚的男孩儿和他妈妈了。在销售员的游说下，这位可怜的妈妈终于拗不过满地打滚、泪流满面的孩子，买下了那部遥控车。小女孩看到小男孩得到了自己心爱的玩具，也要求爸爸给她买那个最大的娃娃，爸爸说家里已经有很多娃娃了，不想给她买了。这时，小女孩的眼泪流了出来，年轻爸爸立即掏钱买了那个娃娃。

现实生活中，经常听到人们说“市场经济不相信眼泪”“男儿有泪不轻弹”“眼泪是弱者的表现”等，但眼泪在某些场合却是最好的办事工具。

在《三国演义》中，刘备凭借眼泪哭下了江山，刘备最擅长的就是“眼泪外交”，眼泪为刘备赢得了人和。他以哭动人，招贤纳士；以哭感人，赢取民心；以哭对敌，智脱险境；以泪为兵，保有城池。整部书中，刘备所流眼泪次数之多，形式之多样，都高居小说之冠，堪称一绝。

很多人都说：“商场如战场，商场不需要眼泪。”眼泪只能让你的能力大打折扣，说明你是情绪化的、不适应环境的、不能承受压力的、需要同情的。但事实是，在房地产销售中，眼泪有时也会取得意想不到的效果，眼泪也可以将劣势转化为优势，因为“商场眼泪”有时会让客户或业主产生同情心，化解他们对你或对本次交易的强硬态度，从而做出适当的让步，最终达成交易。

有一次，我的一位同事陈小姐带一位客户去看一套房改房，业主是一位住在门店附近的50岁左右的阿姨。带客户看完楼的第二天上午，这位阿姨买菜经过门店时，被眼尖的陈小姐看到，陈小姐就约她进来闲谈。闲谈中聊到昨天带去看楼的那位客户，陈小姐讲了这位客户的身世和家庭状况，其中的一些事情听得人心酸，陈小姐讲得感动，业主阿姨也听哭了，于是在房价上做出了较大的让步，原本因为价格太高打消了购买念头的客户最终还是购买了业主阿姨的房子。

销售中巧妙地运用眼泪，可以取得意想不到的效果，但也不是每次都这样，不是每个人都适合用眼泪做销售工具。一般来说，女性比较适合，而男性要慎用。当销售进程受阻时，不妨试着在业主或客户面前示弱，述说自己的处境艰难、工作和家庭压力大等，辛酸处可运用眼泪。这样不但可以缓和气氛，也可以让对方用更多时间重新思考他开出的条件。当然，在谈判处于谈崩边缘时，也可以运用眼泪的力量。

使用眼泪一定要注意场合和对象，使用效果因场合、对象不同而有所不同。谨记少用、慎用原则，还要掌握“飙泪”的制胜秘诀。

（1）避免野蛮威胁型的眼泪沟通。很多客户属于主宰型的人，这种人特别强势，要求被尊重，并时刻展现权威，即使你飙泪的工夫一流，他也不会同情你。

（2）坚持少用、慎用原则，就算眼泪是有效武器，也不能过于频繁地使用，别把林黛玉哭成祥林嫂。

（3）不要在完全丧失理智的情况下流泪，倘若没有必胜的把握，最好不要流眼泪。

（4）倘若你年轻、漂亮又是新入行的，一般情况下可以放心大胆地使用一回眼泪。

（5）倘若你是资深经纪人、储备主管或门店经理，要格外小心使用眼泪，因为这会让客户或业主感觉你们公司的员工不太成熟。

（6）对于相对陌生的客户来说，使用眼泪是有风险的；对于那些已经很熟悉，只是因为某种可能的变故需要攻关的客户，使用眼泪会相当有效。

（7）感动的眼泪有利而无害。在进行年终总结或发表年度最佳员工感言时，不妨眼含热泪地感谢大家，因为真诚会打动所有人，即使那些平日里对你心存不满的人，内心也会有所触动。

第56章　让工作精力旺盛十倍的吸引力法则

一位女大学生在一家高级服饰店的橱窗里看到一只昂贵的旅行皮箱。当时，她正准备回乡下度假，差一点就说出“我很想要那个旅行皮箱，但是我没有那么多钱买”的话，还好，她想起了吸引力法则，即否定的事绝不要说出口，要立刻将它改为肯定的事情，这样才能让潜意识发挥作用，从而出现奇迹。想到这，她立刻改变方式，告诉自己：“我要把那个旅行皮箱当成自己的东西来接受它，以后的事就让潜意识来安排吧。”平安夜那天晚上，她的男朋友送给她一件礼物，而这件礼物正是她喜欢的那只旅行皮箱。如果只把这件事当成巧合的人，那么他一定还不知道吸引力法则。

吸引力法则是指当我们把思想聚焦在一样东西（某种想法、某个人、某件事、某个物品）上时，我们的心灵就会与之产生共振。同频共振、同质相吸，于是我们与我们所聚焦的东西开始互相吸引，彼此互相靠拢。所以，如果你聚焦在你想要的财富、健康或是爱情上，你就会得到它们；如果你聚焦在你不希望拥有的贫困、疾病或是孤单上，你也会得到。绝大部分人总是得到不想要的东西，而想要的却总是得不到，正是因为他们把思想更多地聚焦在了自己不想要的东西上却浑然不知。当你有意识地聚焦一样东西时，你就是一个自主创造者，你会创造一切你想要的，没有意外。

吸引力法则告诉我们凡事要汇聚正能量，当一件事情发生时，脑袋里第一个想到的应该是正能量，而不是负能量。我们将注意力聚焦到正能量上，事情就有可能向正的方向运动，即我们常说的心想事成。例如，看到客户穿着朴素，很多人就下意识就觉得这个人不可能会买楼，当我们带着这样的想法接待这位客户时，最终的结果很可能是成交不了。因为我们的情绪、肢体语言出卖了我们的心，传递出了不友好的态度，客户当然不可能买楼。所以，当一位客户站在自己面前时，我们应该暗示自己：买十套房子的客户终于来了。当我们带着这种想法接待客户时，我们的情绪、肢体语言都会异常兴奋，甚至让客户产生不好意思不买楼的感觉。

有些房地产销售人员，尤其是经验老到的销售人员，他们好像算命先生，见到客户就掐指一算，以此断定谁会买楼，谁不会买楼，这是非常不对的做法。根据吸引力法则，我们一定要用充满正能量的想法接待客户，千万不能抱有“这套房子价格这么高，怎么卖得出去”“这么差的户型怎么会有人买”“怎么这么倒霉，这个月一个上门客都没有”等充满负能量的想法，要相信“天底下没有卖不出去的房子”“我接待的客户一定会跟我买房子”“这套房子的价格我一定可以谈下来”。

以下 14 个心理学法则可以帮助大家借助潜意识的力量提升信念：

（1）当你对某件事情有百分之一万的信心时，它一定会变成事实，因为你的愿望足够强烈。

（2）期望定律。当我们对某件事情怀有非常强烈的期望时，所期望的事物就会出现。

（3）情绪定律。人在绝大多数情况下都是情绪化的，即使某人能够理性地思考问题，这种理性地思考本身也是一种情绪状态，所以人们在任何时候的决定都是情绪化的决定。

（4）因果定律。当你看到不可理解的现象时，不用觉得不可理喻，因为任何事情的发生都是有原因的，今天的局面是过去种下的因导致的结果。

（5）吸引定律。当你的思想专注于某一领域时，跟这个领域相关的人、事、物就会被你吸引过来。

（6）重复定律。只要不断重复，任何行为和思维都会得到加强。只要在潜意识中不断地重复一些人、事、物，它们就会变成事实。

（7）累积定律。很多年轻人都梦想做一番大事业，其实天下并没有什么大事，只是一件一件小事累积起来就成了大事。任何大成就或者大灾难都是累积的结果。

（8）辐射定律。当你做一件事情时，关注的并不只是这件事情本身，还会辐射到相关领域，因为任何事情都有辐射作用。

（9）相关定律。每件事情之间都有一定的联系，没有一件事情是完全独立的。所以，要解决某个难题一定要选好突破口，而不要紧紧盯住困难本身。

（10）专注定律。只有专注于一个领域，才能在这个领域有所发展。职业发展也如此，专注于一个行业深耕下去，才能不断获得突破和成长。

（11）替换定律。负面的记忆或习惯是无法完全去除的，只能用一种新的记忆或习惯去替换它。

（12）惯性定律。无论什么事情，只要你能够持续不断地去加强它，它终究会变成一种习惯。

（13）显现定律。当我们持续寻找、追问答案时，它们最终都将显现出来。

（14）需求定律。任何人做任何事情都是带有需求的，尊重并满足对方的需求，对方才会尊重我们的需求。

第 57 章 如何利用技术手段提升销售业绩

“工欲善其事，必先利其器。”人与动物最大的区别就是人会使用工具，社会的任何一次变革都是由生产工具的变革引发的。荀子在《劝学》中写道：“吾尝终日而思矣，不如须臾之所学也；吾尝跂而望矣，不如登高之博见也。登高而招，臂非加长也，而见者远；顺风而呼，声非加疾也，而闻者彰。假舆马者，非利足也，而致千里；假舟楫者，非能水也，而绝江河。君子生非异也，善假于物也。”“善假于物也”讲的就是君子之所以高人一筹，是因为他善于利用外物和已有条件。

一个优秀的房地产销售人员也必须学会使用最先进的房地产销售工具，让这些工具为自己服务，从而提高销量，不断创造佳绩。

1. 掌握电话营销技巧

电话营销具有省时、省力、快速等优势，在房地产销售中发挥的作用越来越大。我们每个人使用过的不同手机的价格加起来，可能已经过万元，我们在手机硬件上花费不少，但很少有人为手机软件付费，即学习如何打电话，如何打电话更有效。如果房地产网络经纪人在 58 同城、安居客等网站做广告吸引二手楼客户打电话进来，用一个季度的端口广告费用除以一个季度大概能接到的电话数量，打进一个电话的成本大概在 50 元，所以，如果我们没有做好电话沟通，导致客户流失，这是非常昂贵的一项隐性成本。

可以从以下几个方面学习电话营销技巧：

（1）电话礼仪

在电话沟通中，电话语言的使用非常关键，通过电话语言能够大致判断对方的性格、了解对方的需求等，它直接影响客户对经纪人专业性的判断以及对房地产中介公司的印象。因此，正确、礼貌地使用电话语言是非常必要的。

（2）打电话的技巧

打电话的目的、打电话给谁、打电话的时机、打电话如何开场、电话中如何介绍房屋、电话中如何约见面、电话中如何跟进客户、电话中如何砍价、电话中如何成交等都需要提前确认，以提高打电话的效率。

（3）接电话的技巧

接电话的时机、接电话的成交术等都决定了接电话的效果。一个优秀的房地产销售人员必须熟练驾驭电话沟通中的各种技巧。

2. 掌握网络营销技巧

在二手楼销售的客户来源分布中，80%甚至更多的客户来自网络，网络已经成为最重要的客户来源。如何从网络上获取更多的客户来电，是经纪人创造更高业绩的必修课。上传什么样的盘源和图片、如何设计标题、什么样的刷新频率最好、如何写楼评、如何写小区介绍、如何写自我介绍等都值得经纪人好好研究。

3. 利用微信进行房地产销售

微信是我们日常社交最常使用的App，我们一定要挖掘好友资源，利用私信、朋友圈、群发等功能进行房地产营销（可以购买《售罄3》学习使用相关技巧）。

4. 利用短视频、直播等进行房地产销售

短视频时代已经来临，抖音、快手等App已经吸走了大量流量，我们必须加强短视频的制作及推广，同时要进行直播，因为直播的变现功能对我们具有很大的吸引力。所有经纪人必须开通短视频账号，加入短视频营销大军，为自己的售楼工作注入动力。

第 58 章 让业绩暴风骤雨般突破的售前服务

有一天，我接到一个五年都没联系过的朋友的电话。有人开玩笑说：“如果你突然接到一个很长时间都没有联络的朋友的电话，不是来借钱的，就是做直销发展下线的。”我这位同学属于前者，最后的结果估计大家都猜到了。这件事情告诉我们，如果在遇到困难时想获得别人的帮助，最有效的方法就是与别人保持联系，不要用人朝前，不用人朝后。

在房地产销售工作中又何尝不是这样呢？很多经纪人通过电话开发盘源时一上来就问：“请问是×先生吗，您的房子卖不卖？”这样的问话让业主非常反感，甚至有的业主一听是房地产中介，就会立即挂了电话。那么，我们应该怎样做才能避免类似情况的发生呢？

1. 想方设法在售前为业主义务服务

我有一个朋友是从事墓地销售的，她是公司的销售冠军。在与她闲聊时她告诉我，向活人推销墓地这种事客户非常抗拒，为了能够获得更多的推销机会，她就在小区义务给大家清洗抽油烟机，以此来接近客户，建立好感。在义务劳动了近一个月、洗了近 100 台抽油烟机后，她终于感动了一位老太太，并完成了第一单生意。此后，她就用这种方法不断打破公司的销售纪录。

在售楼过程中也可以采用类似的方法实现业绩突破，我之前在广州老城区卖房子时就有类似经历。广州的老城区不像新城区那样到处是小区，更多的是单体楼，是街道式的房子。尤其是 20 年前建的那些房改房，都直接矗立在街头，一楼的房子都没有防盗门，可以直通各楼层各住户。不但如此，这些房子还没有物业管理，通常都是每户每个月轮流抄水表，但经常会遇到住户不在家的情况，于是抄水表变成了一件非常麻烦的事。

当我们公司的门店开到这条街上以后，我了解到这一情况，就做起了义务抄表员，每个月我会花上两至三天时间来处理这件事。每到一家，我抄完水表后都会稍坐一会儿，与业主聊聊家长，问问他们有没有要买房或卖房的计划。半年之后，这几条街道上大多数的房屋成交都是由我来完成的。

2. 培养随时随地服务的意识

有时候服务不需要刻意去做，它是贯穿在整个房屋勘查过程中的一种习惯，这种习惯对于获得客户好感、彼此建立信任非常重要。比如，你带客户去看楼时，正好前面有位老人（业主）提着菜在爬楼梯，这时，你可以主动帮老人提菜上楼。这样做的好处是，一方面，这位业主会非常感激你，帮你说好话，如果他正好是你要带看房子的邻居，那形势就更加有利；另一方面，买家看到你这么热心，会更加敬佩你，跟你买楼的概率也会大大增加。这些举手之劳的事情，对你来说有百利而无一害，所以房地产经纪人一定要养成随时随地服务的好习惯。

很多经纪人和置业顾问觉得工作很难做，这主要是因为他们还没有真正理解付出与回报的关系，我们要相信付出总会得到回报。所以，真正弄懂售前服务的重要性并付诸行动，你的业绩一定会取得突破。

勤 篇

第59章 勤掏名片，迈向成交

我发现大部分售楼人员都不太愿意在社交场合递出自己的名片，除了房屋销售现场，我基本上没在其他场合收到过房地产销售人员递来的名片，也没有人主动跟我交换名片，更没有人主动介绍自己：“先生您好，这是我的名片，我是××楼盘/房地产公司的销售代表。”我可以理解殡仪馆工作人员、安全局特工、FBI驻外负责人不愿意掏出名片的行为，但无法理解经纪人或置业顾问为什么不愿意掏出名片。

销售是一项伟大且值得骄傲的事业，它在经济发展过程中发挥了特有的作用，如果没有销售，就促成不了那么多消费；同理，在房地产销售领域也就没有那么多成交了。

与普通的销售工作相比，售楼工作还是提升生活品质的一条有效途径，以下这几条能够为你从事房地产销售工作提供一些理由：

（1）房地产销售工作不需要资金投入，除了时间成本，几乎没有其他风险。

（2）房地产业是我国经济的压舱石，无论是一手楼市场，还是二手楼市场，都具有持续发展的动力。

（3）房地产是单价很高的大众消费产品，成交后可赚取较高的佣金。

（4）房地产销售工作的收入无上限，只要你足够努力，收入可轻易超过企业的一般管理层，甚至一些小企业老板。在房地产销售行业，没有人可以限制你的收入，这是一个用一碗汗水就能换来一桶金的行业。

（5）在房地产销售行业，你可以选择忙或者闲，以及你想要的生活节奏，因为你有很大的自主权。

既然房地产销售是这么伟大又这么值得我们去从事的一份工作，我们就没有理由不主动掏出自己的名片了。从今天开始，你要主动地在各种场合派发名片，推销自己。既然我们选择了这份工作，就要接受它、爱上它，并且用实际行动做好它。

比尔·盖茨在哈佛大学演讲时有人问他："如果你现在大学毕业，你会替微软工作，还是自立门户？"他的答案是："我不知道，因为我大学没念完。"不过，这位有史以来最出名的哈佛辍学生继续强调，如果要他选择，他一定会选择一份自己喜欢的工作，并在工作中找到乐趣。从比尔·盖茨的讲话中我们可以看到，喜欢自己的工作对一个人的成功来说至关重要，只有喜欢自己的工作，才能从中找到乐趣。所以，既然你选择了房地产销售工作，就必须接受它并喜欢上它。

在我刚做房地产销售业务时，有一次部门搞活动，经理买了一个大榴莲回来，并用小碟分好放在每个人面前。我对榴莲实在没有好感，接受不了那股臭臭的味道，面对经理的一番好意，真是不知如何是好。当他发现我和旁边同事都皱着眉头，碟子里的榴莲一点都没吃时，顿时变了脸色，大声训斥我们："你们不尝试一下，怎么可能知道榴莲的美味呢？卖楼跟吃榴莲一样，如果你们不喜欢这份工作，怎么会有动力进行销售呢？"

这次经历让我对售楼工作的看法有了很大转变，我要衷心地说一句："谢谢榴莲。"从事房地产销售工作的你，是否也要好好体会一下"榴莲"的味道呢？

第 60 章　试探性成交法助你提升 30%业绩

置业顾问："张先生，我先帮您计算一下这套房屋的价格吧。"（一边说，一边拿出一份认购协议）

置业顾问："张先生，请问您的身份证号码是多少？"（一边问，一边在认购协议上写下张先生的姓名）

客户："李小姐，我还没说要认购呢，怎么就签认购协议啊？"

置业顾问："张先生您别怕，我不是要强迫您签认购协议，就是想告诉您，您刚刚看上的那套房子的确很不错，这份认购协议只是为了方便计算，帮助您更全面地进行权衡，没别的意思，写上您的身份证号码可以让您更有代入感，这样岂不是很好？"

客户："哦，是这样啊，我的身份证号码是……"

置业顾问："您想买的那套房子是××阁 06 单元，面积是×××平方米。"

置业顾问李小姐一边问，一边填写，很快认购协议的内容就填写完了。接下来，置业顾问又向客户介绍了当前楼市的情况，并一再强调 06 单元是畅销单元，房源非常紧张。最后，置业顾问半开玩笑地说："张先生，今天您可要当回明星哦，在这里留下您的大名。"一边说，一边拿着认购协议给了张先生，张先生被置业顾问的这句话逗乐了，再加上真是喜欢 06 单元，于是，爽快地签了名。

这种试探性成交法是通过投石问路的方式，先看看客户的反应，再决定下一步做什么。这种成交法是以假想客户已经购买或者已经决定购买为前提的，通过一系列假想问句来完成成交工作。试探性成交法对已经有购买欲望，但犹豫不决的客户很有效果，可以引导客户早做决策。但是，如果客户对房屋兴趣不大，或者根本没有需求，那么这种假想很难改变其购买决定。因此，试探前一定要做好需求分析，准确捕捉客户需求。

假设客户购买或决定购买后，为了让销售向前推进，必须运用一些方法来引导，这里推荐两种非常有效的推进方法，即“二选一”推进法和“豪猪”推进法。

1. “二选一”推进法

“二选一”推进法就是将客户推入购房氛围中，让客户在这种氛围中进行选择，因为客户的选择都是被引导着进行的，所以被引导成交的可能性也非常大。

例如，置业顾问说：“××先生/小姐，看您这么有诚意，我就先斩后奏了，我把我们经理权限之内的折扣都给您了，您看下10000元定金，还是20000元呢?”又如，在对二手楼讨价还价时，可以这样说：“××先生/小姐，您还的价格低了一点，这离业主的底价还差十几万呢，看您这么有诚意，无论如何我都要去跟业主争取一下，您看现在是下10000元定金，还是20000元呢？您放心，给我一个星期时间，如果谈不到您还的价格，定金一分不少全部退还给您。”

2. “豪猪”推进法

汤姆·霍普金斯在传授他的销售技巧时告诉大家一个“豪猪”推进法，这个方法非常适合做销售推进用。“豪猪”推进法就是让客户在不经意间进入购房状态，在毫无准备中接受成交。例如，在一手楼销售中，开发商通常会保留一些户型好的房子，针对这些被保留的房子使用“豪猪”推进法特别合适，下面就是应用这个方法的典型案例。

置业顾问："张先生，您觉得这套房子怎么样？"

客户："不错，可惜没有低楼层了。"

置业顾问："低楼层看园景特别好，您想要低层的单位吗？"

客户："是啊，可惜你们没有啊。"

置业顾问："我听经理说昨天有一个低楼层单位的业主想换房，这样就能腾出来一套，您稍等，我去问一下，看看还有没有。"

过了一会儿，置业顾问回来了。

置业顾问："张先生，那套低楼层单位果然还在，看来您跟那套房子有缘。这样吧，您先交点定金，您看是交10000元，还是20000元呢？"

第61章　让客户一辈子都跟你买楼的“加码”销售

有两个人分别遇到两名劫匪，两个人都没受伤。第一名抢匪拿走了被抢者的皮夹和全部85美元现金；第二名劫匪则不同，他不仅拿走了另一个被抢者的皮夹和全部70美元现金，还有他的手表及普林斯顿班戒，这两样东西并不贵重，也不值什么钱。

两天后，第二名被抢者走出公寓，准备去上班时，忽然听到有人叫他。他转过身，看见一个面带微笑的男人站在那里，原来是二号劫匪。二号劫匪是来做生意的，他问这名被抢者想不想要回手表及普林斯顿班戒，因为这两样东西对他有特别的意义，他答应了这笔交易。劫匪要求以500美元将这两样东西卖给他，但男子身上只有90美元，劫匪接受了这90美元，但并没有马上把手表和班戒还给他，而是给了他一张当铺的收据。后来，他去了这家当铺，付了80美元，赎回了他的手表和班戒。

第一名劫匪“赚”了85美元现金，第二名劫匪使用了一个简单的策略，让“顾客”持续“消费”，在抢劫当天赚了70美元，然后将手表和班戒卖给当铺，赚了80美元，再将当铺的收据卖给当事人，又赚了90美元，总共收入240美元。

是的，这就是一种可以增加收入的策略，一种让人持续消费的策略。一个优秀的房地产销售人员必须学会如何让客户持续买楼，或转介绍其他客户买楼，甚至让他周围所有人都跟你买楼。当然，我们不需要去做“劫匪”，但我们需要学习这种让收入倍增的“加码”销售方法。

在销售中，运用这些“加码”销售方法越多，提升业绩的效果就会越好。如果你去钓鱼，只用了一根鱼竿、一根鱼线、一个鱼钩，你能抓到的鱼势必不会太多；如果你同时用十根鱼竿、十根鱼线、十个鱼钩，你钓到更多鱼的可能性就大很多。在房地产销售中也是这样，如果只是一次性成交，能卖出的房子当然是有限的，如果能在每次成交时运用更多的“加码”销售方法，业绩自然就会更上一层楼。以下几种“加码”销售方法非常值得房地产销售人员学习和运用。

1. 优惠券式“加码”销售

我们在餐厅吃完饭买单时，有时会要求商家给打个折，很多餐厅会以赠送优惠券的方式代替打折，因为打折对于商家来说是减少了纯利润，而优惠券则是增加收入的一种“加码”销售方法。如果客户要将优惠券变成自己的实惠，就必须再次光临这家餐厅，进行再次消费，这将为商家增加营业收入。

很多一手楼开发商也会运用类似的方式来增加销售。例如，如果老客户成功介绍一个新买家，便可获赠两年物业管理费；或者客户三人成团购买，可以享受 98 折优惠等，这些都是“加码”销售方法。

我在上海的一堂培训课上，针对如何提升销量的问题进行讲解时，也提出了类似餐厅优惠券的促销建议。在上海，每卖出一套房子平均可以收到 100000 元中介费，当我们全额收到中介费后，如果赠送给客户一张面值 1000 元或 2000 元的现金抵扣券，估计没人会感兴趣，但如果将面值增加到 10000 元或 20000 元，估计很多人就不会轻易将这张现金抵扣券扔掉了，他们可能会赠送给亲朋好友。要让这张现金抵扣券发挥作用，就必须再次消费，对房地产中介公司来说，就相当于增加了销售收入。

2. 重视住房租赁业务

相对动辄百万元的房价来说，租赁业务的租金很低，所以租赁中介费就更少了，很多经纪人把租赁业务视为“鸡肋”，可事实并不是这样。今天的房地产中介市场仍然是房源时代，业绩的好坏与房源的多少有重要关系。当公司没有客户要购买的房源时，我们必须全身心地去开发客户需要的房源，而租赁业务是开发房源的重要途径，还有可能说服业主连同租约一起出售。

对于我们承接的租赁业务，在租约期里，基本上可以说这套房子就是我们的“独家盘”，其他中介虽然可能知道业主电话，但他们不知道租客电话，与租客不熟悉，即使业主同意“租转售”，他们带客户看楼也很不方便。而我们是租赁业务的中介公司，只要与业主和租客保持联系，进行必要的租后服务，就可能在带看楼方面获得更多优势。因此，一个优秀的房地产经纪人必须重视住房租赁业务，并懂得从租赁中获得“加码”销售。

3. 做好售后服务

售后服务也是客户转介绍的重要途径，是实现“加码”销售的重要方法。很多房地产销售人员在成交后便从客户的视线里永远消失，这种态度很难让自己的业绩常青。真正用心的服务才能打动客户，获得转介绍。例如，在租赁协议达成后协助租客搬家，在出售协议达成后协助双方交割物业，协助业主进行物业管理费、水电费、电话费、有线电视费、煤气费等费用的清缴及过户，协助客户和业主进行户口的迁入迁出。此外，要在成交后进行定期的微信或电话跟进，在重要节日进行问候或赠送一些礼品。

第 62 章 一天之内，你最多进餐厅几次

一天之内，你最多进餐厅几次？

我在很多培训场合对学员提过这个问题，有人回答“2 次”，有人回答“3 次”，还有人回答“4 次”，最搞笑的是，一位学员说他在情人节那天进了“12 次”。我的一位朋友在知名企业做色拉油推销员，他的回答是“81 次”，所以他是全国色拉油销售冠军。一天进餐厅 81 次意味着什么？意味着这位推销员在一天之内拜访了 81 位客户。作为房地产销售人员的你呢？昨天打了 81 通电话吗？如果没有，那就更不用说带 81 位客户看楼了。

很多销售人员都在苦苦寻求成交捷径，却毫无结果，这是因为他们没有参透天道酬勤的道理，哪有什么捷径，只有功夫不负苦心人。只要我们认准一个方向，不投机、不取巧，踏踏实实做人做事，就一定会成功。

曾国藩是中国历史上很有影响力的人物，然而对于读书这件事，他的天赋却不高。有一天，他在家读书，一篇文章读了不知多少遍，却还没有背下来。这时候他家来了一个贼，潜伏在屋檐下，想等他睡觉之后捞点好处。可是那个贼左等右等，就是不见他睡觉。贼人大怒，跳出来说：“你这种水平还读什么书！”然后，把那篇文章背诵了一遍，扬长而去。贼人固然聪明，听过几遍的文章就能背下来，但他投机取巧，不

踏踏实实做人，最终只能做贼；曾国藩虽然天赋一般，却非常勤奋，最终成为一代枭雄。

如果房地产销售人员整天想着怎么寻求捷径，希望不劳而获，那他的业绩是好不起来的；相反，如果他整天忙着打电话跟进客户和业主，忙着带客户看楼，跑出去开拓房源，哪怕是刚入行的新人，也会取得不错的业绩。记住：如果你比其他人多带看一次，多打一通电话，多发一条微信，多跟进一次客户，多驻守楼盘一小时，就有可能多成交一套房子。

有一次，一位业主在我们门店放了一套金燕花园房子的钥匙，这位业主比较心急，配了多套钥匙，同时放在好几家房地产中介公司。业主委托的价格是比较合理的，可以说是一个优质盘源了。一时间，几家房地产中介公司都纷纷带客户看楼，场面甚是壮观，形成了僧多粥少的局面。

很快，有三家房地产中介公司的客户都被经纪人“逼定”成功（由于经纪人的流动性非常大，所以一个区域内各家房地产中介公司的经纪人彼此都十分熟悉），当然我的客户也在其中。我立即拨打业主手机，结果电话关机，于是改打家里电话，结果无人接听。（客户在金燕花园有两套房子，一套自住，一套出售，因为家里电话没人接，所以直接上门也没用）于是，我只好一边干活，一边拨打业主手机及家里电话，从下午一直打到晚上，始终无人接听。晚上9点，我们公司隔壁有客户下定的那家中介公司的卷闸门关了，我心里暗喜，手上仍未停止拨打业主手机及家里电话；10点左右，我们公司对面那家有客户下定的中介公司的卷闸门也关了，我还在不停地拨打业主手机及家里电话。大概11点的时候，业主家里电话终于有人接了，原来，业主外出赶上手机没电了。我立即告诉他，我就在他家楼下，有一个非常有诚意的客户因明早急着出差，让我先上来跟他聊聊。

就这样，我比其他经纪人多打了一个小时电话，就多成交了一套房子。在房地产销售中，这样的事情时有发生，你比别人多付出一点，成交就会是你的。那么，在日常销售工作中，还有哪些地方可以比别人多做一点、多付出一点呢？

（1）每天多跟进一个业主；

（2）每天多跟进一次客户；

（3）每天多带客户看一次楼；

（4）每周多驻守楼盘一小时；

（5）每天多贴条一小时；

（6）每周多洗一栋楼；

（7）每天多刷新网页十次；

（8）每天多上传一个盘源；

（9）每天下班晚走一小时；

（10）每天多做一次房勘。

第 63 章 连续三年平均每天卖出一套房子的秘诀

世界推销之王汤姆·霍普金斯，是房地产个人年销售量吉尼斯世界纪录保持者（连续三年平均每天卖出一套房子），至今无人能打破这个纪录，他被美国报刊称为“国际销售界的传奇冠军”“房地产销售大王”。

汤姆·霍普金斯在回忆他的销售成长之路时说：“我父亲的愿望是让我当一名律师，可因为我生性顽劣，辜负了他对我的期望，不但浪费了父亲毕生的积蓄，还被律师学校勒令退学。退学后，我在一个建筑工地以搬运钢筋为生，不过我始终相信一定会有更好的谋生手段，于是我开始做销售，但前三个月，我一共才挣了 150 美元。

这样惨淡的生活我坚持了半年，在那半年时间里，我的吃饭都成问题，因此，我感到非常沮丧。当我搜遍全身口袋，发现只剩下 100 多美元时，我毫不犹豫地报名参加了世界第一激励大师金克拉的一个为期五天的培训，没想到这五天的培训成了我生命的转折点。在这个培训班里，我学到了很多有用的推销技巧，更重要的是，我从中得到了一种巨大的力量——真正的推销员应该不畏艰难，坚持不懈，这让我的人生柳暗花明。培训之后，我成了北极冰公司的业务员，这是一家生产生活用冰和商业用冰的企业，一次成功的销售经历让我记忆犹新，因为我把冰推销给了生活在北极的因纽特人——阿默斯林。”

霍普金斯：“您好，阿默斯林，我叫汤姆·霍普金斯，在北极冰公司工作，我想向您介绍一下北极冰能给您和您的家人带来的诸多益处。”

阿默斯林：“这可真有趣，我听到过很多关于你们公司产品的介绍，但冰在我们这儿可不稀罕，它用不着花钱，我们甚至就住在这东西里面。”（阿默斯林觉得我的举动不可思议）

霍普金斯：“是的先生，但看得出来您是一个注重生活质量的人。我们都明白价格与质量总是相连的，能解释一下为什么您目前使用的冰不花钱吗？”

阿默斯林：“很简单，因为这里遍地都是。”

霍普金斯：“您说得非常正确，您使用的冰就在周围，无人看管，是这样吧？”

阿默斯林：“噢，是的，这种冰太多了。”

霍普金斯：“那么，先生，现在冰上有你和我，那边还有正在冰上清除鱼内脏的邻居，北极熊也正在冰面上重重地踩踏，您看见他们留在冰上的脏东西了吗？”

阿默斯林：“哦，我宁愿不去想它。”

霍普金斯：“也许这就是为什么这里的冰不花钱的原因。”（我所说的话都是为了让他意识到现在用的冰被污染得多么严重）

阿默斯林：“对不起，我突然感觉不太舒服。”

霍普金斯：“我很理解，不消毒就使用这种冰块，您肯定会感觉不舒服。如果您想用得放心，就必须得消毒，那您原来是如何消毒的呢？”

阿默斯林：“煮沸吧，我想。”

霍普金斯：“是的先生，煮过以后又能剩下什么呢？”

阿默斯林：“水。”

霍普金斯：“这样是在浪费您自己的时间啊！假如您愿意在我这份协议上签上您的名字，今天晚上您的家人就能享受到最干净、最卫生的北极冰了。噢，对了，我很想知道您那位清除鱼内脏的邻居的想法，您认为他是否也乐意享受北极冰带来的好处呢？”

结果你可能想到了，阿默斯林不仅买了我的产品，还主动帮我询问他的邻居是否需要，虽然最终他的邻居没买，但至少他认识到了我所推销的产品的好处。

汤姆·霍普金斯就是这样一个人，当他想到要推销产品给客户时，就会马上行动，而不会左思右想，如果他一开始就觉得把冰卖给因纽特人是一件不可能的事，也就不会有这个成功案例了。他这种马上行动的特质成就了他，曾经有记者问他成功的秘诀是什么，他是这样回答的：

记者：“汤姆·霍普金斯先生，请问您成功的秘诀是什么？”

霍普金斯：“马上行动。”

记者：“当您遇到困难的时候，如何克服呢？”

霍普金斯：“马上行动。”

现在做、马上做，是一切成功者的必备素质，所以，当我们想要推销某套房子给客户时，不要左思右想，要马上行动，因为在你左思右想之时，机会稍纵即逝。要想在现代商业社会赢得竞争，就不要先瞄准，再开枪了，一定要先开枪，再瞄准。

第 64 章 如何迈向售楼巅峰

汽车销售大王乔·吉拉德有一句名言:“我相信推销活动真正的开始在成交之后,而不是之前。”乔·吉拉德每次成交之后仍要继续推销,他把成交看作下一次推销的开始,成交之后,他并不是把客户置于脑后,而是继续关心他们,并恰当地表达出来。正是这种销售精神让乔·吉拉德迈向了事业巅峰。

一个优秀的房地产销售人员绝对不可能靠一锤子买卖发展自己的事业,销售是一个连续的过程,成交既是本次推销活动的结束,也是下次推销活动的开始。销售人员在成交之后必须继续关心客户,这样既能够赢得老客户,又能吸引新客户,让自己的客户数量越来越多,生意越做越大。

房地产销售人员如何迈向售楼事业巅峰呢?乔·吉拉德发明的“250 定律”“每月一卡”“猎犬计划”“名片满天飞”“超级售后服务”等成交方法都值得借鉴。

1. 250 定律

250 定律指的是每位客户周围都有大约 250 个人,他们都是跟客户关系比较亲近的同事、邻居、亲戚、朋友等。如果一个推销员在年初的一个星期里见了 50 个客户,其中有一个客户对他没有好感,根据 250 定律推测,到了年底就可能有 250 个人不愿意和这个推销员打交道,如果这 50 个客户都觉得推销员服务不好，则会有 12500 个人不愿意跟这位推销员做生意。因此，在任何情况下都不要得罪客户。

2. 每月一卡

乔·吉拉德每月都要给他的一万多名客户每人寄去一张贺卡。一月份祝贺新年，二月份纪念华盛顿诞辰，三月份庆祝圣帕特里克日……凡是在乔·吉拉德那里买过汽车的人，都会收到乔·吉拉德的贺卡，他们也因此记住了乔·吉拉德。正是因为乔·吉拉德没有忘记自己的客户，客户才不会忘记乔·吉拉德。

3. 猎犬计划

乔·吉拉德认为，干推销这一行需要别人的帮助，他的很多生意都是“猎犬”（那些会让别人到他那里买东西的客户）促成的。乔·吉拉德有一句名言：“买过我汽车的客户都会帮我推销。”在生意成交之后，乔·吉拉德总是把一叠名片和猎犬计划说明书交给客户。说明书里规定，如果客户介绍别人来买车，每成交一辆车，客户会得到 25 美元酬劳。几天之后，乔·吉拉德还会给客户寄感谢卡和一叠名片，之后的每一年，这位客户都会收到来自乔·吉拉德的一封附有猎犬计划的信件，提醒他乔·吉拉德的承诺依然有效。如果乔·吉拉德发现客户是一位领导人物，其他人会听他的话，那么，乔·吉拉德会更加努力促成交易并设法让其成为“猎犬”。

4. 名片满天飞

销售人员最重要的销售武器就是名片，但乔·吉拉德派发名片的做法与众不同。他到处递送名片，在餐馆就餐付账时，他会把名片夹在账单中；在运动场上运动时，他会将名片大把抛向空中。抛撒名片是一件非同寻常的事，人们会对这类事情记忆犹新，所以当人们想买汽车时，自然会想起那个抛撒名片的推销员，想起名片上的名字——乔·吉拉德。还有很关键的一点，就是要想方设法让客户知道你在哪里，你卖的是什么，并不断强化，这样当客户需要相关产品时，就会立刻想到你。

5. 超级售后服务

我们都知道，创造业绩的不二法则是留住老客户，吸引新客户。一般情况下，销售业绩的客户构成是 80%的老客户和 20%的新客户，而 60%的新客户是来自老客户的引荐。

让客户持续地对服务感到满意是可持续的经营之道。那么，如何才能让客户持续地感到满意呢？一味地用低价吸引客户是不能长久的，只有高质量的售后服务才能让客户长久的满意。以下几种售后服务方式值得我们借鉴：

（1）突出房源竞争优势

严重的产品同质化扰乱了客户选购房屋的标准。这种情况下，不要笼统地说我们推荐的房子比其他房子好，而应将房子的特色突出出来。例如，这个小区的品质相比其他小区要高很多，这样的小区才符合您的身份。

（2）突出房源的附加价值

我们要尽可能多地突出房屋的附加价值，证明客户的选择是正确的。例如，人性化程度高、安全性高、便捷性高，有优美的园林环境，能提高居住的舒适性和私密性，彰显业主的品味，业主素质很高等。

（3）成为全方位的生活顾问

对房地产销售人员来说，客户的一次购买是不够的。如果我们希望客户能成为忠实的使用者，就应该全面地了解他，成为他的生活顾问。所以，在跟客户的每一次沟通中，都要表现出真心实意为客户解决问题的态度，而不是一心一意只顾推销房子。

（4）认真且耐心地倾听

在销售过程中，客户很可能会抱怨，但不一定会离开我们，但如果我们对客户的抱怨没有积极化解，客户流失的概率将大大提高。因此，我们要与客户保持亲密关系，必须经常倾听客户的心声，把客户的抱怨当成改善工作的契机，并通过积极地沟通，想方设法打消他的疑虑。

（5）实现承诺，再做得比承诺多几分

我们可以将服务客户的准则以书面形式呈现出来，让客户了解我们的服务内容。对于客户提出的合理的个性化服务要求，应该以“最急件”的标准来处理。记住，面对客户的需求，我们永远不要嫌太大或太小，应以诚恳的、前后一致的态度换取一生的互信。

第65章　轻松说服客户的物理成交法

人们常说："见什么人说什么话，到什么山唱什么歌"，意思是在与他人相处时，要学会随机应变。除了在语言上要随机应变，在行为或环境设置上，也要随机应变，才能更有效地促进成交。人们相信眼见为实，所以更容易被亲眼看到的东西说服。

有一次，我去拜访一位朋友，他向我传授了他的销售秘诀。在他的门店洽谈区有两个抽屉，分别放着两本不同的房屋买卖合同复印件。当业主来时，他会拉开左边抽屉，拿出那本厚厚的合同复印件，对业主说："××先生，这个小区的房子就您这套单价最高。"边说边翻开这本买卖合同复印件给业主看，最后还说："××先生，恭喜您啊，您的房子破了这个小区最高成交价纪录。"当买家来到店里的时候，他就会拉开右边抽屉，拿出另外一本厚厚的合同复印件，对买家说："××先生，您买的这套房子是我们最近一年谈到的最低单价了。"

房地产销售就是这样，人们很容易被眼前看到的东西打动。因此，在一手楼销售中，开发商会按照1∶1的比例建造样板间，并做精美装修，这样，销售人员不用过多地对户型进行介绍，让客户亲身体验，就能起到很好的效果；在二手楼销售中，有一些精明的业主会对旧房子的墙壁进行粉刷，尤其是把大门换成新的，这样房子就会焕然一新，给人眼前一亮的感觉。很多客户会在这样的房子里流连忘返，连砍价都会

“手软”。

那么，在房地产销售中，还有哪些能够轻松说服客户的物理成交法呢？

1. 收集相关销售证据

优秀的房地产销售人员要善于收集报纸、杂志等刊物上对销售有利的报道，存放在门店或销售中心，当客户遇到类似问题时，就可以拿出这些“证据”来说服客户。例如，西晒的房子是比较难卖的，有一位房地产经纪人就收藏了一篇名为《冬天盖被子一定要先暴晒3分钟，否则有100万只螨虫陪你睡》的文章，每次有女性客户看西晒的房子时，他都会提及这篇文章并拿出来给客户看，以提醒客户西晒的房子也有很多好处，不仅价格相对低，还有一些生活上的便利，让客户在比较中自动选择逃避痛苦。

我们收集的相关“证据”可以是规划资料、市场资讯、地块拍卖消息、宏观政策，也可以是竞争楼盘情况、专家对楼盘的评价等。

2. 在门店设置荣誉墙

很多公司都在前台最显眼的地方留出一大块空间，用来展示公司荣誉。这样做一方面能够激励员工，另一方面也能够让来公司拜访的人看到，体现公司的正规化和超强实力。其实，在一手楼销售中心或是房地产中介门店等场所同样可以展示公司荣誉，以增强客户对我们的信心。

在这些场所可以展示社会机构颁发给公司的荣誉，也可以展示公司颁发给员工的荣誉，还可以是客户送的锦旗、感谢信等，无论是团队还是个人的荣誉，都可以展示出来。

3. 在名片上展示自己的荣誉和专业性

如果我们派发给客户的是一张标有“见习置业顾问”或“试用经纪人”的名片，客户很可能想换一个销售人员来接待。客户喜欢与专家打交道，因为专家能够给他们安全感，这也就是为什么一些常见病病人抢着挂专家号的原因。因此，我们在名片上要尽量抬高自己的职位，这样容易获得客户的信任。此外，较高的学历、学位或是较有分量的荣誉也可以印在名片上，这些都是加分项。如果你的形象不错，也可以在名片上印上职业照，以体现你的专业性和亲和力，切记不可展示盛气凌人的样子。

第 66 章 坐销与行销的业绩有多大差别

从事过保险销售的人可能都知道，你的业绩好坏跟你跑烂的皮鞋数量成正比。其实，做房地产销售也一样，如果一个房地产销售人员只会坐在销售中心或门店等客户上门，那么，他的业绩会随着市场变化起伏很大，而对一个敢于走出去的房地产销售人员来说，有行销就无淡市。“不景气的市场只会淘汰不争气的人”，这句话非常有道理，如果我们能从坐销走向行销，即使市场萎缩 80%，我们仍然可以通过行销争夺剩余 20%的客户。坐销与行销最大的区别就是“坐”以待毙，而“行”之有效。

在市场上升期，销售一片火爆的时候，卖出房子的多少并不能完全说明一个人能力的高低，市场低迷时的业绩才能看出一个人的销售功力。近年来，宏观调控的影响已经让我们很难在售楼处或门店等到大量客户上门了，而是要主动出击寻找客户。从公司层面来说，可以走进企业，跟大型企事业单位联合搞活动；从个人层面来说，可以通过老客户挖掘新客户。行销最主要的目的是开拓新的渠道和客户资源，并锁定客户。当然，行销的方式不仅限于陌生拜访，派发广告、组织企业团购以及电话营销等都是很好的方式。有些公司在组织一手楼和二手楼联动时，要求每人每天电话拜访 200 ~ 300 个客户，这个过程就是在生产客户、创造需求。只有销售团队每天动态地跟上千名客户交流，才能让我们真正地了解市场。

行家们在做项目销售总结时得出这样的结论：行销和坐销带来的销售额比例是9∶1，很多房地产中介公司通过一手楼和二手楼联动的行销方式赚取的中介费在某些月份能够占到公司总收入的80%。由此可见，行销的优势非常突出，但采用行销方式时应避免以下行为：

1. 盲目推销

任何房屋都有特定的需求对象和需求时间，房地产销售人员要把握好推销时机，这是推销能否成功的关键。有些销售人员整天忙忙碌碌，路没少跑，话没少说，但收效甚微，原因就在于他们没有选择一个明确的目标客户群。

2. 粗鲁无礼

行销时要给客户留下良好的第一印象，就必须注意礼节、礼貌。首先，应穿戴整洁，注意个人卫生，无论是服装款式还是色彩搭配都要大方、得体；其次，拜访时应按门铃或轻轻叩门，得到允许后方可进入；最后，要使用得体的称谓和礼貌的问候，这会拉近与客户的心理距离。销售人员出现在客户面前时，要面带微笑，热情地跟客户打招呼，以尽快赢得客户的好感。

3. 夸大其词

向客户介绍房屋时应实事求是，漫无边际地夸大事实或者把你推介的房屋说得完美无缺，未必能赢得客户的信任；相反，适当找出一些缺点，反而能让客户觉得你的推荐可信。

4. 不懂装懂

房地产销售人员对所推介的房屋应该有一个非常全面的了解，无论是商圈配套，还是房屋结构都要了如指掌，只有这样，才能回答客户提出的各种疑问，并加以解决。当我们对所推介的房屋不是非常熟悉时，绝不能用“大概”“可能”“也许”“差不多”这样的话来搪塞客户或故弄玄虚、卖关子，而应实事求是地向客户解释。

5. 强行推销

推销应建立在尊重客户、双方自愿的基础上。一些房地产销售人员为了提高自己的销售额，不替客户着想，采取软磨硬泡，甚至欺骗的方法强行推销。这样做不但违背了商业道德，损害了客户利益，也会作茧自缚，为今后的销售工作设置障碍。

6. 一锤子买卖

房地产销售人员要提高销售业绩，不仅要通过不懈努力扩大销售额，不断扩大销售网络，而且要加强和巩固已有的销售渠道，让一般的客户成为熟人，进而成为朋友。在大多数情况下，行销都不可能一次成功，所以要与客户保持经常性地联系，并进行情感联络，他们才有可能成为你下次交易的对象，把你推荐给他的朋友，帮你挖掘新客户。对于已经成交的客户，要进行定期跟踪调查，提供优质的售后服务，让他们成为你忠实而长久的客户。

第 67 章　如何让客户迅速做决策

很多房地产经纪人跟业主谈价时只会说："能不能少一点""再少 1 万元"等，很少说出一些能让业主降价的理由。比如，我今天带客户去看了您的房子，他整体上觉得不错，只是后来参观厨房时，看到装修及厨具太旧了，必须全部打掉重新装修，所以现在非常犹豫，想和之前看过的一套房子比较一下。要不这样张先生，您这套房子也放这么久了，不如再降 1 万元，我再跟对方谈谈如何；再比如，李先生，最近国家对楼市调控的决心非常大，所以楼价不可能大幅度上涨了，还不如现在降 2 万元，快点成交算了。

其实，业主并不是不愿意降价，关键是房地产经纪人没有给出让业主降价的有说服力的理由；买家也并不一定要观望下去，关键是经纪人没有给出一个有说服力的立即买楼的理由。因此，经纪人要想提升业绩，必须事先准备一些让业主立即降价或让买家立即做决策的理由，当我们面对业主或买家时，可以一条一条地来说服他们。记住：你准备的理由越多，成交的可能性越大。

1. 让业主立即卖楼的十大理由

（1）现金为王，受中美博弈、台海局势、俄乌战争等影响，把多余的房子变成现金是不错的选择。

（2）可以尝试多种投资，将卖房的钱适当投入股市。

（3）房子装修后租出去，租客一般不会特别爱惜，一般租住三五年后，装修基本上就被破坏了。五到十年的租金其实也就相当于房屋的装修费，也就是说，房子租了五到十年相当于没收租金，因为装修的损耗恰好抵消了租金收入。

（4）物业税已经开始试点，当然还将进一步完善，一旦全面实施，所有持有物业的人都有可能要交税，这是早晚的事情。那时候，持有物业的成本将直线上升，很多人将抛售物业，楼价有可能会大幅下滑。

（5）随着众多百强房企暴雷，房地产行业迎来至暗时刻，抛售很有可能大面积暴发。

（6）现在全国楼价都有一定程度的下调，而且成交量不断收缩，楼价胶着，一旦成交量上不来，暴跌就有可能成为现实，现在降点价——三十六计走为上。

（7）物业投资收益不仅要看赚多少钱，更要看每次投资的周期，也就是周转速度。现在快点出手，后面还有更多投资机会，如果现在不出手，可能会错失大把投资机会。

（8）钱只有花出去的才是自己的，没有花出去的都不是自己的，只是替社会保管财富而已。因此，一个人拥有财富的多少并不是关键，关键是要不断改善生活品质。卖掉房子，提高生活品质，这才是大多数像您这么有身份的人所追求的。

（9）现在的人越来越追求生活品质，都希望购买大一点的住宅，这就是大户型热销的真正原因。因此，您手上这套小户型并不是人们想要的那种理想居所，现在卖出我觉得非常正确。

（10）现代人越来越追求小区品质，像您这套纯住宅物业，未来保值升值的空间肯定会受限，现在出手是最佳时机。

2. 让买家立即买楼的十大理由

（1）如果十年前您买了一套房子，现在卖了，您觉得会赚多少钱？从长期持有的角度来看，近三十年来的市场走势告诉我们，物业是在不断升值的。

（2）即使租金再少，租房也是消费；即使月供再多，买房也是投资。早点买房，早做投资，自然会减少消费。

（3）不要让这个城市留下了你的青春，却留不下你的人。有房才是王道，还记得疫情期间，很多人回不到自己租住的小区的情景吗？

（4）通常，年轻人不买房，钱也存不下，不如先买套小单元，通过还贷的形式，强迫自己每个月将钱存在房子里。等到要买大房子时，将小房子卖掉，首期款就有了。

（5）租房很不方便，有时候想添置一些大件家具或电器，又怕搬家时没地方放。所以没办法按自己的方式布置。例如，想买个好点的空调，但如果下次租的房子里本来就有空调，自己买的空调就不知放哪了，造成浪费。

（6）中国人讲究安家立业，如果没有安定下来，事业就没法稳定地发展。此外，频繁搬家也是一种浪费，有人说："搬一次家就好比发生一次火灾，每一次都扔掉不少钱。"此外，搬来搬去非常麻烦。

（7）现在受调控政策影响，存量房较多，但好的房子其实并不多，需要精心挑选。等市场略有好转时，大家都抢着买楼，那时候根本没有好好挑的机会。所以，如果买房是用来自住的，长期看一定会升值，哪个时间点买入并不是最重要的，早买早享受。

（8）（针对担心物业税的投资客）其实每一次税收调整，我们见到的都是楼价上扬，因为业主将税收转到了下家，更何况现在业主大多都要求实收，下家为此多付了不少税，待他下一次出售时，又会将这笔增加的税负转移至第二个下家。物业税刚出台时，不少业主就加房租，等于让租客出了物业税。

（9）买房可以养老，而买保险很多时候并不保险。房子是不动产，如果租金合适，随时都可以租出去，而且会随市场、物价的变化而变化；如果货币贬值，租金自然会飙升，抵消贬值部分，比保险更保险。

（10）目前，买P2P暴雷；买基金，不断暴雷；买黄金，贬值；存银行你懂，通货膨胀最终迎来的是贬值，河南某小银行给储户赋红码事件更让人胆战心惊。大量事实证明：投资买房，无论如何还能留下一套房子。

第 68 章 怎样做到一开口就让客户相信你

医生：“你什么地方觉得不舒服？”

小王：“就是老头疼，最近几个星期睡眠不太好。”

医生：“我看你眼睛发红，是不是食欲不太好？”

小王：“是的，最近不想吃东西。”

医生：“你脸色苍白，是不是发烧了，一会儿让护士给你量一下体温，最近感觉疲劳吗？”

小王：“对，老感觉特别累，一点力气也没有。”

医生：“去验个血吧。”（护士过来抽血）

医生：“你是贫血，要注意饮食，多吃新鲜水果、蔬菜和高蛋白食物，不要熬夜，多休息。”

小王：“好的，谢谢您。”

对于病人的病情，医生有专业的诊断方法，所以医生说吃什么药、怎么治疗，病人一般不会讨价还价。相比之下，很多房地产销售人员就太业余了。

例如，一位客户在门店的橱窗前看盘源，经纪人快步跑出去问客户：“先生，请问有什么可以帮到您？”这时客户指着橱窗上张贴的一张盘源纸问：“这套房子怎么样？”这时，经纪人说：“先生，请进来坐，我从电脑上查查这套房子的信息。”这样的经纪人大有人在，其实这种做法非常不专业。试想：如果一位病人问医生："医生，我手上长了一个包，您看是怎么回事？"医生说："请坐，你等一下，我查一下书。"病人敢让这样的医生给他看病吗？更何况，看一次病可能只需要几百元、几千元，而买一套房子则要花几百万元、几千万元，如果经纪人不专业，让客户怎么相信你和你推荐的房子呢？

房地产销售人员如何做到像医生看病那样专业地去销售房屋呢？首先，要对自己销售的房屋了如指掌；其次，要对自己经营的商圈了如指掌；再次，要对商圈内的居民了如指掌；最后，要对客户了如指掌。这些专业知识（产品知识）是经纪人的基本功，必须100%掌握。

1. 商圈知识

（1）商圈定位；在城市中所处地位。

（2）商圈配套，如银行、超市、医院、公园、加油站、商业街等。

（3）商圈内幼儿园的相关情况，如软硬件条件、收费情况等。

（4）商圈内中小学的相关情况，如软硬件条件、升学率等。

（5）商圈所属的社区、派出所具体位置。

（6）商圈内房屋的出售和租赁价格。

（7）商圈的商业配套和分布情况。

（8）商圈内公共交通情况。

（9）商圈的人文环境。

（10）商圈内房屋交易情况、交易价格及走势。

2. 主攻小区（重点楼盘）知识

（1）小区的物业管理公司名称、服务水平、物业费情况。

（2）小区的保安人数、素质。

（3）小区的车位数量、收费情况。

（4）小区的水电、煤气、供暖等收费情况。

（5）小区总户数、主力户型和各户型特点。

（6）小区住房构成情况、自住及出租比例、居民职业构成等。

（7）小区楼栋数量，几梯几户，外墙颜色、层高、电梯品牌等。

（8）小区建成年代，一手楼价格。

（9）小区各栋楼发房产证情况，房产证是否满 5 年。

（10）小区各栋楼入住时间、空置情况。

（11）小区配套情况。

（12）小区周边购物、入学的便利程度。

（13）小区安全及智能设施情况。

（14）小区最近成交情况、成交价格及走势。

（15）小区盘源情况、出售的主要原因。

（16）小区竞争对手情况。

第 69 章　精准把握死缠烂打的尺度

上海市民陈先生曾接到某房地产中介公司的电话，问他家的房子卖不卖。刚开始，陈先生还很客气地解释了一番，但之后中介公司频繁来电话，脾气不错的陈先生也开始不耐烦了，他明确告诉中介公司自己没有房子要卖，希望不要再打扰他了。然而，中介公司仍然不肯罢休，无论陈先生在开会、开车、用餐，还是在洗澡、如厕，电话总是响个不停。后来，陈先生一接到中介公司的电话就破口大骂，最后忍无可忍，以扰民为由将该房地产中介公司起诉至法院，索赔精神损失费 1 元、通信费 100 元。此案引起人们的广泛关注，被称为“上海中介骚扰第一案”。

绝大多数业主面对房地产经纪人的来电都持不欢迎态度，但也很无奈。据市场调查显示：75.1%的被调查者表示经常接到房地产中介公司的电话，84.2%的被调查者表示对这样的来电很反感。房地产经纪人是高压力、高付出职业，面对激烈的市场竞争，房地产经纪人每天都需要不断地扫报、扫网、扫楼，获取业主线索，然后逐个跟进，被拒绝过的业主资源也不能轻易放弃，只能厚着脸皮不停地给业主打电话，总是抱着“说不定哪天就能谈成一笔生意”的想法。房地产经纪人都是厚脸皮，宁愿被人家骂两句，也不会轻易放过万分之一的机会，他们不停地“地毯式”电话搜索每一个业主资料，遇到脾气好的业主，会规劝经纪人不要再打电话来，遇到脾气不好的业主，则经常被挂掉电话，甚至遭到业主的破口大骂，更有被告上法庭这种极端情况出现。

作为房地产经纪人，如果连死缠烂打的本事都没有，那么是做不好业务的。但是，如果一味地死缠烂打，很可能白忙活一场，所以死缠烂打的度很关键。

1. 寻找有需求的业主

切忌盲目地死缠烂打。如果我们获得了一份小区业主名单，不要不假思索地“电话轰炸”所有业主，这样做通常会让业主反感。如果一个业主没有卖房需求，那么你的“电话轰炸”就好比将女性用品推销给男士，成交的可能性非常低。房地产经纪人必须在冷静思考后，准确地对目标客户进行定位，再采取有针对性的推销手段，各个击破。

经纪人在给业主打电话之前，要先做一些市场调查，了解哪些房子的业主可能有卖房需求，以降低打电话时被拒绝、辱骂、投诉的概率；也可以经常到小区里走一走，白天要关注哪些房子的阳台没有晾衣服、哪些房子没有装空调，晚上要关注哪些房子经常不开灯，这些都提示经纪人，这些房子可能长期没人居住，可以尝试联系业主，看看有没有卖房需求。

2. 向客户传递有价值的信息

电话营销是房地产经纪人开展业务的常规手段之一，在利用电话营销时，完全不死缠烂打是不可能的，但千万要注意死缠烂打的度。对于那些暂时没有卖房需求的业主，每次电话跟进过程中可以试着向他传递一些有价值的信息。比如，房地产市场走势、政策、成交情况等，也许哪天、哪个业主就会主动向你咨询了。如果能将这种做法坚持一段时间，跟业主联系的次数多了，业主也就不会那么反感你了，而是会把你当成重要的信息来源。当然，为了能给业主提供有价值的信息，你必须持续学习，密切关注市场动向，不断提高自身素质，以得到更多人的尊重，从而在销售中化被动为主动。

房地产经纪人只有不断地提升自己，不断地带价值给业主，才会得到更多业主及顾客的尊重，才会有更多的业主及顾客希望你去“死缠烂打”地联系及拜访他，你的业绩也才会蒸蒸日上。

3. 售前服务业主，再电话联系

很多人听过这样一句话：“如果你不是推销员，那么你一定遇到过推销员。”这句话说明，世界上到处都是销售人员。在获得盛赞的美国电影《当幸福来敲门》中，男主人公就是一个穷困的推销员，他每天拎着一台仪器敲开客户的门，但大多数时候迎来的都是冷漠、拒绝，甚至拳脚相加。推销也许是世界上最难的职业之一，房地产经纪人的推销工作难上加难，因为它要求经纪人要同时说服业主及客户双方。

第70章 “9比1”谈判原则引发的售楼新思考

中国人做生意与西方人做生意的区别之一就是中国人喜欢先干杯，再签约；西方人通常是先签约，再干杯。在商业谈判中，绝大多数中国人采取的策略往往是迂回的，通常不会直指问题核心，其典型表现就是外弛内张。

作为房地产经纪人，一项交易的达成虽然不需要与客户和业主酒酣耳热，但其中的道理是一样的。在房地产销售中有一个“9比1”谈判原则，是指真正用于房屋买卖谈判的时间只占整个过程的10%，而其余90%的时间都花在了一些表面看起来无关紧要的闲聊上。那10%的时间必须全力以赴，将前面所花的90%的时间成本弥补回来。但这90%的时间绝非全然无益，在这个时间里的闲聊有可能涉及市场变化、宏观调控政策、房地产投资理财、业主或客户的专业以及各种社会事件等。大量时间的闲聊能够拉近各方感情，让大家相互了解，并提高彼此的信任度，一步步走向成交。

举个例子：经纪人希望跟业主签订一份独家委托书，签约之前可能会花费大半天跟业主聊房地产走势、宏观调控，或者聊政治、体育、文化，再或者聊家庭，以解除业主的戒心，直到和业主建立了初步的信任后再聊一些具体问题和细节，让业主感受到我们的专业性。当然，真正的签约过程可能只要5分钟，但如果没有前面几个小时的深入交流，将无法达成这5分钟的成功。

“8小时内求生存，8小时外求发展”，这是房地产经纪人的工作法则。一个房地产经纪人在8小时工作时间以内主要完成熟悉商圈、房地产实勘、带看、谈价等工作，这些工作必须争分夺秒，以最快的速度高质量完成；而8小时工作时间以外则要不断学习，并通过微信、电话等方式联络业主和客户，加强与他们的沟通，获取他们的好感和信任，确保更加有效地利用时间。

那么，如何在8小时工作时间以外更加有效地做好90%闲聊时间的工作呢？可以遵循以下做法：

（1）跟进维护一定要以业主和客户为中心，聊他们关注、感兴趣的话题。

（2）业主和客户提出的问题不一定是他们关心的，有时候只不过是随便提提，要获得他们的信任，必须长期跟进落实。

（3）不要主观臆测，以己推人。我们天天与业主和客户打交道，什么情况都可能遇到，当遇到问题时，不要臆断，要多沟通，先建立关系，后建立生意。

（4）客户有意向买房，并不代表一定会跟你买。客户通常会联系多名经纪人为他带看，但只会选择一名经纪人成交。要想从多名经纪人中脱颖而出，就必须与众不同，要用更积极的态度和更良好的服务获取客户的信任，并提供数量更多、更符合客户需求的盘源信息。

（5）客户喜欢专家拥有的专业知识，却不喜欢专家的高傲姿态，所以即使我们对房地产市场非常有研究，在与客户的交往中也要让客户充分感受到被尊重，让他们有“赢”的感觉。

（6）客户态度的变化是由销售人员引导的。刚开始，客户可能对我们没有什么好感，但只要我们用积极且正面的态度去影响他们，是会逐步改变他们的态度的。

（7）不要在客户面前传播任何负面信息。客户不喜欢带来负面信息的房地产经纪人，尤其是当客户在别的房地产中介公司已经购买房子后，有些经纪人为了打击客户，说他买得太贵了或者说他买的房子不值，这样的言语通常会让客户反感，从此不再跟你往来。

（8）客户不喜欢被伤害，也不喜欢被自己伤害的人。与客户沟通、交流时，要让客户有双赢的感觉。

第71章　你常因“嘴勤”丢失业务吗

人们常用纵横捭阖形容一个人游说的能力，但在日常生活中太会说往往不是一件好事，“祸从口出”说的就是这个道理。如果销售人员太能说，经常会“毒死”客户。很多销售人员认为，金牌销售员必然是一个能说会道、八面玲珑的说客，所以，他们把大部分精力花在表演、表达、表决心上；而从消费者角度来说，他们起先会被销售人员的巧言善辩、滔滔不绝迷了眼，等熟悉了销售人员的伎俩，自己的判断力、鉴别力逐渐提高以后，慢慢地会对这些口若悬河的销售人员产生厌恶。

美国有一个市场研究机构，对300名年龄在31—45岁、有着丰富经验的销售人员进行调查，当被问道“销售人员最大的弊病是什么”时，41%的人认为是“讲话太多”，30%的人认为是“对产品性能过度承诺”，16%的人认为是“在交货过程中不能密切追踪”，还有13%的人选择了“其他”。当把同样的问题抛向400名消费者时，也得到了相似的结果，“讲话太多”依然占据第一位，如果算上第二项“对产品性能过度承诺”（毕竟它也是讲话太多、太满的一种表现），那么，大概有71%的销售人员的错误是发生在说话上，正所谓“成也萧何，败也萧何”。

在房地产销售中也一样，客户都对话痨似的经纪人非常反感，他们像收音机一样，客户一到就“开机”，唠唠叨叨没完没了，让客户完全没有插话的机会，甚至跟客户说再见时也不“关机”，这样就很难有好的交流效果。同时，讲话太多必然导致聆听太少，从而无法在短时间内从客户那里获取有效信息，也就无法真正地掌握需求。

还有一点要谨记，就是客户不需要经纪人来教他怎么做，也不希望经纪人怀疑他没有用心听。有些经纪人的口头语是“你懂吗”“你明白我的意思吗”“这么简单的问题，你应该理解吧”，殊不知，这样的语气会让客户非常反感。作为房地产经纪人，千万别怀疑客户的理解力，你要把客户当作天才，不要质疑客户让他感觉不被尊重，这是销售中的最大禁忌。优秀的房地产经纪人懂得说话有度，与客户交流时必须管好、用好自己的嘴，知道什么话该说，什么话不该说。这里总结了与客户交谈的“十忌”：

1. 忌争辩

房地产经纪人在与客户沟通时，要时刻记得自己的职业、身份，知道与客户争辩解决不了任何问题，只会招致客户的反感。如果你刻意地和客户发生争论，即使你赢得了争论，也会失去客户，丢掉生意。

2. 忌质问

经纪人与顾客沟通时，要理解并尊重顾客的思想与观点，切不可采取质问的方式与顾客谈话。用质问或者审讯的口气与顾客谈话，是销售人员不懂礼貌的表现，是不尊重人的反映，是最伤害顾客的感情和自尊心的。记住，如果你要想赢得顾客的青睐与赞赏，忌讳质问。

3. 忌命令

房地产经纪人与客户交谈时要展露一点微笑，态度要和蔼一点，说话要轻声一点，语气要柔和一点，要用征询、协商或者请教的口吻与客户交流，切不可采取命令的口吻与客户交谈，切记：你不是客户的领导，无权对客户指手画脚。

4. 忌炫耀

与客户沟通时如果谈到自己，要实事求是地介绍自己，稍加赞美即可，千万不可忘乎所以，得意忘形地自吹自擂，炫耀出身、学识、财富、地位以及业绩和收入等，这样会人为地制造隔阂。人与人之间的距离——脑袋与脑袋是最近的，而口袋与口袋是最远的。记住：你的财富是属于你个人的；你的地位是属于你单位的；而你的服务态度和服务质量，却是属于你的客户的，而且是永恒的。

5. 忌直白

俗语说："打人不打脸，揭人不揭短。"在与客户沟通时，如果发现他对某些问题的认识有不妥之处，不要直截了当地指出，要委婉地告诉他。康德说过："对男人来说，最大的侮辱莫过于说他愚蠢；对女人来说，最大的侮辱莫过于说她丑陋。"我们一定要掌握谈话的技巧和沟通的艺术，区别对待交谈对象，做到言之有物，因人施语。

6. 忌批评

在与客户交往的过程中，如果发现他身上有缺点，不要当面批评，更不要大声指责，因为批评、指责解决不了任何问题，只会招致对方的怨恨与反感。与人交谈要多用感谢词、赞美语，少批评，同时也要把握好赞美的尺度和批评的分寸，要巧妙地批评，旁敲侧击。

7. 忌专业

在房地产销售过程中，尽量避免使用专业术语，比如容积率，很多人听不懂，即便听懂了，这也未必是他们关心的焦点。

8. 忌独白

在交谈中，要鼓励客户多讲话，从客户的言谈中了解他的基本情况和真实需求，切忌销售人员唱独角戏。如果客户不爱说话，就要通过提问等方式进行适当引导。

9. 忌冷淡

与客户谈话时，态度一定要热情，语言一定要真诚，言谈举止都要流露出真情实感，要热情奔放、情真意切。俗话说："感人心者，莫先乎情。”这里的“情”就是经纪人的真情实感，只有用真情才能换来与对方的感情共鸣。在谈话中，冷淡必然带来冷场，冷场必定导致交易失败。

10. 忌生硬

与客户交谈时，声音要洪亮、语言要简练、语速有快有慢、语调有高有低、语气有轻有重，要抑扬顿挫、节奏鲜明。切忌语调不分高低、语速不分快慢，缺少朝气与活力。

第 72 章　售楼冠军是如何炼成的

汤姆·霍普金斯说过这样一句话："成交是在不断尝试中实现的，成交无处不在，不断尝试，直至成交。"他信奉的销售冠军信条是："我不是以失败的次数来评定自己，而是以成功的次数来评定自己；我成功的次数是与我能够承受失败和不断尝试的次数成正比的；我不是以没有成交的次数来评定自己，而是以成交的次数来评定自己，我成交的次数是与谈话的人数和不断跟踪直到他们购买或死去的次数成正比的。"

房地产销售就是这样，没有哪位客户会在第一次带看时就跟我们说："这正是我要买的楼。"我们需要在每次带看中不断地尝试去成交，不断地接受被拒绝，反复多次，直至成交。在这个过程中，我们要"敢于成交"。试想：一个房地产经纪人都不敢要求客户下定金，客户又怎么可能坚定地跟随你直至成交呢？有一句非常出名的犹太人商业格言："我要求，我得到；我寻找，我发现；我敲门，门为我开。"这句话讲得不正是这个道理吗？售楼冠军的一个非常重要的特质就是"敢于成交"。

汤姆·霍普金斯在《如何达成卓越销售》中提及，一名销售冠军还必须具备以下特质：

（1）任何行业的销售大师如果不先成为一名完全投入的学生，绝不会成为销售大师。也就是说，要成为销售冠军，必须有学习的心态，要善于学习别人的成功经验。

(2) 我们必须对我们所销售的房屋有100%的信心。在现实销售中，顾客会接受我们推荐的房屋，主要是基于我们的热情与信念，而非技术知识或产品本身。我们必须对自己推荐的房屋有信心，才能够打动顾客的心，让他们接受；我们必须相信自己推荐的房屋，必须要对它有感情，要为它感到高兴；我们必须要让顾客看到我们的脸上、眼睛里都写着自信。

(3) 我们不是普通的销售人员，而是置业顾问。新型的房地产销售人员要扮演专家的角色，而非销售人员本身。我们要给顾客的安居乐业提供最科学的方案，每卖出一套房子，便送给顾客一种幸福的生活。

(4) 我们是聆听专家。我们必须具备很强大的聆听能力，只有学会聆听，找出顾客的需求并满足它，才是我们存在的价值。

(5) 我们要成为感兴趣的内向者，而非有趣的外向者。我们要建立以顾客为中心的顾问式销售模式，顾客才是兴趣的中心点，与顾客交往必须让顾客讲出他们的兴趣。

(6) 我们都非常有同理心。房地产销售是顾客人生中的一笔数额巨大的交易，他们会有疑虑，他们会非常谨慎，他们会用拖延来克服恐惧，所以我们必须理解顾客的各种心态，才能获得成交。

(7) 我们不仅要了解自己公司做事的方法以及各种产品，也要了解对手。竞争无处不在，在激烈竞争的房地产市场中，我们必须做到知己知彼，才能真正立足于市场。

(8) 我们要了解整个业界的状况。真正的销售冠军必须是一个对行业非常熟悉的人，他对公司的一切如数家珍，对竞争对手了如指掌。一个优秀的房地产销售人员必须做到风声、雨声、读书声，声声入耳；国事、家事、天下事，事事关心。

(9) 在我们向客户推荐房屋时，必须确保顾客一直点头，让顾客点头是成交的前提。优秀的房地产销售人员善于发问，并且能在不断地引导顾客点头的过程中让顾客进入成交状态。

（10）我们必须在穿着、姿态以及讲解上展现自信及专业性。销售冠军从一进门就能看出来，你不需要改变自己的样子，但你必须改变自己的职业形象，让自己看上去像专家；你可以做你自己，但你必须运用自己的个性、脾气，让顾客与你交往融洽；你可以不虚伪，但是你必须改进你的沟通技巧，为你的顾客提供更好的服务，推荐更好的房子。这样，你才能够在房地产销售领域平步青云，获得最终的成功。

中国房地产中介培训中心课程介绍

（专注！专一！专业化！www. ori. net. cn）

1. **开单也疯狂——百万经纪人成交系统特训营**

㊉如何创新售楼技巧，让成交变得像呼吸一样简单

㊉如何洞穿购买心理，让客户不可思议地求你买房

㊉如何利用系统成交，让业绩实现狂风暴雨般突破

2. **夺单——房地产高业绩狼性销售 36 法则**

㊉狼性，销售永远没有淡季，用业绩不断证明自己

㊉狼性，竞争全面采取进攻，用实力持续战胜对手

㊉狼性，目标一直瞄准太阳，用彪悍屡屡刷新纪录

3. **服务开单——疫情下，房地产经纪服务新赛道**

㊉收佣金 1 万元与 100 万元，你提供的服务有什么不同

㊉如何用服务感动客户，让他一辈子为你转介绍客户

㊉如何打造全方位金牌地产服务，实现业绩一路飙升

4. **金矿——新房二手房经纪人如何弯道超车，燃爆新房业绩**

㊉二手房经纪人做新房的意义和价值

㊉操作新房常见的误区和顾虑

㊉新房做单的全流程

5. **王牌成交——签约谈单三部曲**

㊉达成意向前的维护

㊉意向金收取与支定谈判

㊉三方谈判实操

㊉突发情况和售后服务

6. **迈向巅峰——百万经纪人销售心法特训营**

㊉如何唤醒自己独特销售潜能，创造辉煌业绩

㊉如何游刃于各种逆势和绝境，实现逆市狂销

㊉如何极大提升自我销售能力，迈向销售巅峰

7. **超级签单手——谋局、控场、促单，100%成交核心带看体系**

㊉系统规划看楼前中后，让带看命中率飙升

⊕精准运用看楼SP技术，让客户求你收定
⊕推土机式异议扫除术，让签单摧枯拉朽

8. 粮仓——打造业绩保险箱的蜂式开发36式

⊕殊途同归，百万业绩，必先备百万业绩之房客源
⊕强势开发，为业绩常青插上兵精粮足的翅膀
⊕六韬三略，36式开发绝技让高业绩仓箱可期

9. 短视频引爆开单——经纪人玩赚短视频卖房三大攻略

⊕开单账号与不开单账号，有什么不一样的地方
⊕如何通过短视频锁定房产销售线索，实现开单
⊕如何实现从有流量到有留量、有销量的三级跳

10. 获客——二手房经纪人如何卖好新房

⊕开单必备，新房top sales，独家新房房客人三大战法
⊕业绩突破，16个渠道如何高效获客，提高N倍成交量
⊕连环签单，从营销楼盘向经营客户转变，收获更高业绩

11. 抖音卖房秘籍——如何轻松引爆粉丝成交

⊕为什么同样内容，别人几百万播放量，我总是卡在500？
⊕为什么我的房地产视频总是没有人点赞和评论？
⊕为什么别人可以通过抖音一个月卖6亿的房子，我却没有一个客户咨询？

12. 引爆中层——打造高绩效团队

⊕策略篇：提升团队绩效的六种管理策略
⊕员工准备度——工作能力与意愿的分析
⊕员工状态的定义与分类
⊕如何运用领导方格提升团队竞争力（管理策略组合）
⊕向古人借智慧，向帝王学管理

13. 狼性经纪人——房地产销售攻心术

⊕销售技能篇：九型人格销售攻心术
⊕销售心态篇：巅峰心态，狼性营销

14. 赢在店长——房地产中介企业运营管理高级研修班

⊕房地产中介门店的运营与管理（上）
⊕房地产中介门店的运营与管理（下）
⊕店长工作日志

15. 卓越领导力——实战领导力修炼

⊕职位领导力（可以赢得服从）
⊕人际领导力（可以获得认可）
⊕产出领导力（可以赢得尊重）

㊉授能领导力（可以获得追随）

㊉巅峰领导力（产生情感依赖）

16. 区域突围——区域总监高效经营管理实战训练

㊉地产中介的发展，到底是先“大”，还是先“强”

㊉“做大靠店长，做强靠总监”，如何进行片区深耕，做强做大

㊉如何强势发展，带出一支骁勇善战的精英经纪队伍

㊉如何培养区域核心竞争力，迅速成为片区“霸主”

17. 门店教练——房地产终极店长魔鬼训练营

㊉如何将一张白纸似的新人快速培养成专业的房地产销售人才？

㊉如何将 Top Sales 的顶级销售技巧在门店传承、复制、普及？

㊉如何迅速打造一支忠于自己的二手房地产销售铁军？

18. 高效能门店四大管理

㊉店长的责权利和店长阶段划分

㊉店长的成长阶段及生命周期

㊉店长在门店管理中的常见问题分析及解决方案

19. 穿越发展期——房地产中介成长期股权激励实战方案班

㊉现阶段房地产中介股权激励概况

㊉房地产中介股权激励实操指引

㊉房地产中介成长期股权激励制度设计现场指导

20. 绝不跑佣——100%用法律捍卫自己的佣金

㊉居间基础：居间概念、居间义务

㊉居间注意事项：带看、谈单、签约

21. 法律总裁班——房地产中介公司管理风险法律总裁班

㊉公司设立那些事

㊉公司股权改革、合伙制改革，让您一路高歌猛进

㊉门店管理，扫除障碍

㊉一手代理，问题重重，为您指点迷津

22. 零风险开单

㊉定金罚则、10%的楼价、升值部分的差价、违约责任如何主张

㊉失信被执行人在新名词、新举措下与中介公司千丝万缕的联系

㊉这些房屋能不能居间难住了绝大多数经纪人

23. 房地产中介劳动人事法律风险防控

第一章　劳动合同

第二章　社保

第三章　工伤

第四章　开除、辞退、自动离职

第五章　员工福利

第六章　保密协议和竞业禁止

第七章　规章制度

房地产行业培训

《售罄 1：100%复制地产销售冠军》

作者：邓小华

定价：68.00 元

本书对房地产销售核心法则以及 20 余位售楼冠军的销售必杀技进行全面披露，同时，从多个维度对近百个一线房地产销售案例进行剖析，解密迈向售楼巅峰的成功之道，助力售楼人员迅速晋升一流高手行列。

《售罄 2：地产销售 100%成交心理学》

作者：邓小华

定价：68.00 元

在房地产销售中，最有效的技巧是在与客户的沟通中，不断增强他们对售楼员的信赖感。从某种程度上看，信赖感的建立，远比销售技巧的使用重要。

本书从心理学角度，通过 72 道开单密码，深度剖析“快准狠贴勤”的售楼王道，帮助售楼员突破客户心理防线，让业绩狂风暴雨般地获得提升。

《售罄 3：售楼冠军新媒体营销全攻略》

作者：邓小华

定价：68.00 元

新媒体时代，房地产经纪人如何用新媒体倍增客户量，通过短视频实现获客变现，通过直播卖房从“云带看”到线下成交，通过微信邀约客户看房，用朋友圈高效吸盘吸客……本书将全面揭晓以上问题的答案。

《地产销售 4.0：思维、标准与技术要点》

作者：陈利文

定价：68.00 元

本书围绕“房地产销售 4.0”这一主题，梳理出销售人员应该掌握的 57 个概念和 39 个思维模型，作为销售人员提升业务水平的理论基础；同时，提出销售人员之所以“职业化”的四个特质和维度，在每个维度中都运用“刻意练习”的方法，选择那些业内执行不力却熟视无睹的领域，死磕技术要点和执行细节，试图找出房地产销售行业的“宝石”——套路。

《地产操盘手：房地产营销策划关键环节与实战案例》

作者：郑振飞

定价：68.00 元

作者将其 20 余年一线房地产操盘经验进行梳理分类，从战略、战术、管控及案例多个维度对房地产操盘的关键环节和细节进行逐一解读，力求启发营销策划人员思维，拓展他们的营销策划认知理念。

《地产营销力：房地产广告物料的底层逻辑与使用方法》

作者：杨　涛　范世兴

定价：68.00 元

本书通过两个实战案例，呈现了地产广告人赵笑律及其上司肖受历共同建立“销售力物料知识库”的经历，并将赵笑律如何成长为一名实干派优秀营销人进行了全程记录。

两人从实践中摸索出了一套科学有效的房地产广告物料使用方法。该方法能够对区位图、灵魂三问展板、单页、户型单页、名片、价值手卡、可带走物料等的高效使用提供指导，并为整个项目的营销开拓思路。

《房地产中介常见法律问题有问必答》

作者：肖海军

定价：48.00元

本书以大量居间合同纠纷及房屋买卖合同纠纷所得经验为依据，在解答大量房地产经纪从业人员、房产交易当事人问题的基础上，按照交易流程详细梳理了300余个法律问题，每一个问题都源于真实案例——【问题解析】，具有极强的代表性，对所有问题予以详尽的法律分析——【律师解答】，并进一步给出应对的措施和方案——【律师建议】。

《房产纠纷典型案例》

作者：肖海军

定价：48.00元

本书汇集了房产交易过程中常见的典型纠纷案例，通过法律要点、案情介绍、争议焦点、法院判决、律师解析、关联法条六个板块，将每一个纠纷原原本本地呈现出来，同时，进行适当的延展分析，力求使读者在遇到类似情况时，能够根据法院判决和律师建议选择最为合理的解决方式。

《赢在门店：德佑店东的经营管理实践》

作者：DEYOU德佑

定价：59.80元

近年来，德佑体系内涌现出了一批具有实战经验的优秀店东，通过对优秀店东的经营管理实践进行采集、整理，使之成为本书的核心内容。这本书是房地产经纪行业第一本针对店东经营管理实践的专业图书，也是德佑经营管理实践方法、经验的沉淀。

《代建 4.0 王国：绿城管理代建方法论》

作者：袁啸云　陈汉聪

定价：58.00 元

作为中国规模最大的房地产轻资产模式引领企业，绿城管理充分融合绿城 26 年开发体系与 10 余年专注代建实践经验，从政府代建起步，商业代建壮大，到输出行业标准，探索资本代建，再到构建“代建 4.0 王国”，已经形成一个自循环的新商业生态。

本书向读者展示了绿城管理的代建方法论——如何让房地产由重变轻，代建模式在实践中如何持续迭代，以及如何创建“代建 4.0 王国”。

《房地产企业财税实战与风险防范》

作者：詹光远　周文全　汪永华

定价：88.00 元

本书以房地产开发企业项目开发全流程为主线，以项目实例为背景，围绕房地产开发企业的核心业务，对房地产项目开发各阶段涉及的会计处理、税务处理进行讲解，对税会差异、法律风险、税收风险等进行深入分析，同时对做好风险防范的关键点进行归纳和总结，并提供判例，为企业改进财税工作，防范企业运营过程中的财税风险提供了极大的帮助。